Beloved mother and child

至爱母婴

灵智
她生活
Woman Life
至爱母婴

斯瑟蒂克
天才胎教宝典

◎ 邵玉芬　许 鼓／主编

辽宁科学技术出版社
·沈阳·

图书在版编目（CIP）数据

斯瑟蒂克天才胎教宝典 / 邵玉芬，许鼓主编．— 沈阳：辽宁科学技术出版社，2017.3
ISBN 978-7-5381-9889-8

Ⅰ．①斯… Ⅱ．①邵… ②许… Ⅲ．①胎教－基本知识 Ⅳ．① G61

中国版本图书馆 CIP 数据核字 (2016) 第 170650 号

策划制作：深圳市金版文化
总 策 划：朱凌琳
设计制作：闵智玺

出版发行：辽宁科学技术出版社
　　　　　（地址：沈阳市和平区十一纬路 25 号　　邮编：110003）
印 刷 者：辽宁一诺广告印务有限公司
经 销 者：各地新华书店
幅面尺寸：170mm×240mm
印　　张：18
字　　数：150 千字
出版时间：2017 年 3 月第 1 版
印刷时间：2017 年 3 月第 1 次印刷
责任编辑：邓文军
责任校对：合　力

书　　号：ISBN 978-7-5381-9889-8
定　　价：42.00 元

联系电话：024-23284376
邮购热线：024-23284502

邵玉芬

上海医科大学营养医学研究中心主任
复旦大学公共卫生学院教授
国务院特殊津贴获得者
国内外孕期营养学第一人

和斯瑟蒂克一起，用爱创造奇迹

万丈高楼平地起，再高的大楼都要从零开始，把基础打牢。对于孩子的教育来说，胎教正是这座高楼大厦的坚不可摧的基石之一，打好这个基础，才能让孩子在激烈的人生竞争中勇往直前，以自信的姿态直面挑战。

胎教是什么，胎教有什么作用？可能你也有过这种体会，在某一天某个时间段，发生的某一件事，让你有种似曾相识的奇妙感觉，心想：这件事是不是在哪发生过，怎么这么相像。胎教的作用也正是如此，能让孩子在后天的学习时产生这种似曾相识的感觉，从而温故而知新，轻松地对知识融会贯通、举一反三，因为那些知识早在宝宝的大脑里留有痕迹，后天的学习只不过是复习、巩固，就像脑袋里有着一大批宝藏等待被发掘，又像一个烟花筒等着被引燃，这种感觉是奇妙而有趣的。同时，胎教有开发智力、提高智商的强大作用。

闻名世界的斯瑟蒂克夫妇只不过是平凡的普通人，却通过胎教孕育出 4 个智商超过 160 的天才儿童。他们的胎教证明了，胎宝宝在妈妈肚子里听到、学到、感受到的东西，都会深深记在脑海。斯瑟蒂克夫妇的胎教是成功的，也是值得学习和借鉴的。

在"填充式"风气盛行的今天，不管是食物还是知识，家长们唯恐孩子"营养不良"，各种营养品和补习班源源不断，孩子吃不下的时候家长们非得强迫多吃几口，学不进的时候还要求再学一些，这会导致消化和吸收不良，事倍功半。斯瑟蒂克的胎教恰恰与此相反，她的要义很简单，只需"母亲在妊娠中把听到的、看到的、想到的事物，通过自己的声音、身体的变化、心理状态等传递给宝宝"就行了。需要注意的是，斯瑟蒂克胎教的精髓在于"每时每刻，要把深深的母爱倾注给腹内的宝宝"。这种充满爱意的胎教，可以营造出母亲与孩子共同学习、共同进步的氛围，因此宝宝更乐于接受，也能收到更好的效果。反之，如果带着"天才儿童"的目的去灌输大量知识给宝宝，只会"有心栽花花不开"。

本书充满爱的基调，贯彻了斯瑟蒂克爱意灌输的宗旨。无论是孕妈妈还是准爸爸，每首儿歌的吟唱、每个胎教故事的讲述都要包含着深深的爱意，对孩子的爱和祝福在时刻传递着，胎宝宝在这种充满爱意的氛围下学习是幸福快乐的，也是最有效果的。

书中还对孕妈妈和胎宝宝的每周变化有着详细的描述，可以作为对照和参考，做出相关的应对办法，例如怎么应对孕妈妈忧郁症、怎么购买孕育装等。本书还根据孕妇每周需要的营养推荐出相应的食谱，贴心照顾孕妈妈和宝宝的营养健康。

在胎教过程中，要以胎宝宝为中心，孕妈妈为主要负责人，而准爸爸也要参与进来，做"主力军"。所谓"夫妻齐心，其利断金"，奇迹就掌握在我们手中。让我们与本书一起，进入愉快温馨的胎教世界吧！

❀ 胎宝宝的样子

当子宫里种下一粒生命的种子，它是如何发芽、长大，变成一个婴儿的？大自然是如何将一个单细胞的受精卵变成一个嗷嗷待哺的小生命？相信所有即将为人父母的夫妻既好奇又期待。本书将孕期 40 周胎宝宝的发育情况一一呈现：生命生根发芽了、长大了、变重了、有心跳了、尾巴消失了、长头发了、有感觉了……让准父母直观感受到胎宝宝的成长状况，帮助孕妈妈和准爸爸为胎宝宝进行合理有效的胎教，达到事半功倍的效果。

❀ 孕妈妈的神奇变化

怀孕是女人一生中最重要的里程碑，将要到来的近 10 个月时间，会是孕妈妈一生中最难忘、最神奇的经历。作为生命的承载体，孕妈妈的身体会发生哪些不寻常的变化？为什么会嗜睡乏力？什么时候孕吐？几个月肚皮会鼓出来？什么时候会感知到与腹中的生命血脉相连？会出现哪些不适感？心理会发生什么转变……这些只属于孕妈妈的神奇过程，一定要有所了解，并做好心理准备，调整心态，做一个开心妈妈，孕育一个健康宝宝。

❀ 情绪胎教

斯瑟蒂克夫妇认为，最理解妈妈心情的就是肚子里的胎宝宝。只有以一种安定、平和、稳定的情绪保护着这个小生命，他才能安心地倾听你说话，学到更多的东西。也就是说，如果把注意力集中在胎宝宝身上，那么，孕妈妈、准爸爸说的话和教给他的东西就会被他所接受。

情绪胎教主要是通过阅读一些优美的文字、听优美的音乐、做一些自己喜欢做的事情等，来让孕妈妈感到幸福，从而产生出积极有益的内分泌物质，带给胎宝宝最好的精神营养。情绪胎教应当从刚怀孕就实施，并且一直坚持。

🌸 语言胎教

斯瑟蒂克认为，优美的语言就像花朵一样美丽，不但能刺激胎宝宝大脑的生长发育，而且能使孕妈妈进行自身调节，进入愉快和宁静的状态。

语言胎教的内容很多，主要是孕妈妈充满感情地给胎宝宝朗读和说话，将图像和声音同时传递给胎宝宝，加深胎宝宝的理解和记忆。语言胎教的最佳时间是从怀孕后第 4 个月，胎宝宝大脑发育的高峰期开始，但也不拘泥于这个时间，在怀孕最初 3 个月也可以进行。

🌸 意念胎教

意念就是想象力。意念胎教就是孕妈妈通过自己的想象，把对胎宝宝的美好愿望、祝福传递给胎儿，并渗透到胎宝宝的身心之中。孕妈妈可以通过想象勾勒胎宝宝的形象，这时孕妈妈的情绪达到最佳状态，能促进良性激素的分泌，使胎宝宝面部结构以及皮肤发育良好，使这个形象和即将出生的胎宝宝相似。

意念胎教不受时间和形式限制，孕妈妈可以随时展开想象，还能增加孕妈妈和胎儿的联系，促进胎宝宝身心发育。

🌸 知识胎教

知识胎教主要包括文字训练、数字训练、图形训练、颜色训练、拼音训练、英语训练和一些百科知识的讲解等。

怀孕 4 个月时，胎宝宝就有了记忆能力，这时可以对胎宝宝进行一些简单的知识胎教，从第 5 个月开始可以进行系统的知识胎教，从最简单的数数字、认图形、辨颜色开始，然后逐步提升。

美学胎教

美学胎教是孕妈妈在欣赏美、追求美以及把握美的过程中，通过自己的感受，将美的意识经神经传导输送给胎宝宝，促进胎宝宝的想象力，让胎宝宝感受生命的热情和美妙。

美学胎教主要包括艺术美、自然美以及生活美，可以是赏心悦目的画册、绚丽的色彩、独特的植物、优美的诗歌，或者是自己擅长的创作。本书特别准备了画作、诗歌、美文、民间艺术等美学胎教内容，让孕妈妈和胎宝宝一起感受"美"的世界。

故事胎教

斯瑟蒂克认为，讲故事是培养胎宝宝想象力和创造力最好的方式。因此，我们也特别为孕妈妈和胎宝宝准备了一些内容愉快、能够唤起人的幸福感的幼儿故事，让这些小故事带着你和你的胎宝宝进入斑斓的幻想世界。

运动胎教

斯瑟蒂克认为，运动胎教可以让胎宝宝的大脑、肌肉发育得更健康，并保证正常妊娠及顺利分娩。运动胎教包括两方面内容：一是孕妈妈进行适当的运动，以"缓、慢"为主，避免过于激烈，以促进胎宝宝的健康发育；二是适当地对胎宝宝进行抚摸，一边抚摸，一边和胎宝宝说话，增进母子关系，刺激胎宝宝的大脑，促进胎宝宝的身心发育。

触摸胎教

斯瑟蒂克认为，在母腹中经常被父母抚摸做体操和游戏的足月儿，出生后做翻身、抓、爬、握、坐等动作的时间均较未进行过训练的胎儿早，出生后肌肉活力更强。

不过要注意，此项胎教一定要在医生的指导下进行，避免因运动不当或过度而产生意外。有早期宫缩者禁做此项运动。

❈ 音乐胎教

斯瑟蒂克认为，音乐最能传递"爱的信息"，怀孕时经常和胎宝宝一起听音乐，能使胎宝宝的心律平稳，刺激胎宝宝大脑发育，培养胎宝宝丰富的感受力，感知世界的美好与和谐。

音乐胎教的内容包括：一是孕妈妈收听一些柔和、自然、甜蜜的轻音乐，保持精神愉快、心情舒畅；二是孕妈妈给胎宝宝哼唱轻松活泼、充满童趣的歌曲，达到和胎宝宝之间的共鸣。

❈ 准爸爸学堂

胎教绝不是孕妈妈一个人能完成的。在整个胎教过程中，准爸爸不仅需要帮助孕妈妈保持安定、平和的心情，而且还要直接参与胎教。尤其是在向胎宝宝传递知识时，那些孕妈妈不太擅长的领域，就需要准爸爸出马了。本书中就为准爸爸们精心准备了一些科学、有趣的小知识作为胎教的内容。准爸爸浑厚的声音，更容易清晰地透过腹壁被听到，让胎宝宝产生一种信赖感。而且，准爸爸参与胎教还可以增进夫妻感情，安抚孕妈妈的不安情绪。

❈ 营养胎教

我们都知道，"只有粮草充足，才能保证打胜仗"，营养均衡的膳食，才能给胎宝宝提供充分的营养，为生育优秀宝宝打下坚实的基础。因此，我们精心地为孕妈妈准备了"营养胎教"这个栏目，帮助孕妈妈为胎教做好营养储备。

❈ 益智卡片

胎宝宝是有记忆能力的，因此，对胎宝宝进行一些简单的知识胎教非常有必要，包括文字训练、数字训练、图形训练、颜色训练等。

斯瑟蒂克是利用"闪光卡片"来对胎宝宝进行知识胎教的。闪光卡片是斯瑟蒂克胎教中相对复杂，但也是最重要的一部分。本书的"益智卡片"栏目为你准备了色彩鲜艳、搭配合理的学习卡片，包括字母、数字、图形、汉字、算术等，而且会告诉你如何更好地利用这些卡片，让你的胎宝宝更好地学习知识。

目录
CONTENTS

CHAPTER ①

THE FIRST
MONTH OF
PREGNANCY

第一章
孕1月（1~4周）：
胎教从现在开始

当我得知脑的发育这么早就开始了，并且以如此快的速度，进行着这样一个进化发育的过程以后，我被胎儿所具备的伟大生命力感动，同时也认识到胎儿的能力充满着神秘莫测的巨大可能性。

——实子·斯瑟蒂克

一、孕1周🍼生命的开始

亲爱的宝贝，虽然你现在还没有来到我的身体里，但是，我对你的期待却是一直都存在的。我常常在想，如果有一个可爱的小人儿，偎依在我的身旁，用他柔软的小手握住我的手指，向我咿咿呀呀说话，对着我绽开笑颜，还冲着我嘟嘴卖萌、做鬼脸，那该是件多么幸福的事情呀！

1.胎宝宝的样子

怀孕第1周是从末次月经的第1天算起，因此，本周你处在月经期内。

现在精子和卵子尚未结合，胎儿尚未形成。成熟的卵子直径约0.2毫米，成熟的精子约0.05毫米长，它们分别存在于你和你的伴侣体内。精子家族庞大，家庭成员众多，它们个个都是游泳健将，但只有最优秀者才能冲破重重阻碍，赢

▶精子和卵子。

得卵子妹妹的"芳心"；而此时卵子妹妹正乖乖待在你的体内"养尊处优"，等待着那位最优秀的精子勇士的到来。

2.孕妈妈的神奇变化

在这一周，由于尚未妊娠，所以备孕女性的身体基本不会发生变化。但子宫内膜逐渐变厚，准备排卵。未处于妊娠状态的子宫犹如鸡蛋般大小，即使是在孕早期，子宫的大小也基本上没有变化。随着月经的结束，子宫内膜重新变厚，准备排卵。到了排卵日，成熟的卵子从卵巢中来到输卵管等待精子，卵子在输卵管中可存活12~24个小时。为了孕育一个健康的宝宝，从现在开始就要小心谨慎。为即将到来的宝宝营造第一个安全、舒适的家，是每一位妈妈的责任。

☀ 斯瑟蒂克提醒：准爸妈必读

在这一周，由于尚未妊娠，所以备孕女性的身体基本不会发生变化。但是，为了孕育一个健康的宝宝，从现在开始就要小心谨慎。为即将到来的宝宝营造第一个安全、舒适的家，是每一位妈妈的责任。

▣ 保持清洁

要注意保持卫生巾清洁，购买国家卫生部允许出售的卫生巾。每天清洗外阴，不过不要盆浴，应该淋浴。经期要常用温水擦身。

▣ 饮食讲究

少吃刺激性食物，多吃蔬菜和水果，以保持大便通畅，避免盆腔充血。经期易出现疲劳和嗜睡，情绪波动也大，因此最好不要饮浓茶、咖啡等。同时，也要少食或不食冰冻食物等。

3.胎教时光：想到你的到来，我就觉得幸福

期待怀孕是件幸福的事，每个妈妈都想孕育出一个健康、聪明的宝宝。所以，准妈妈们胎教可以这样做：

运动胎教：散步+体操，舒缓宁静

散步称得上是孕期的最佳运动。你可以在上下班时提前一个站下车，步行走完剩下的路程；可以午饭后在公司附近逛逛；还可以晚饭后和丈夫一起在小区花园里走走。而且，你还可以把散步时碰到的人和事讲给胎宝宝听，比如，今天的天空格外蓝、空气格外清新，见到了一大群蚂蚁搬家，还有奔驰而过的汽车、漂亮的女孩、刚刚发芽的大树、绽放的花朵……都是很好的话题。

另外，孕初期可以根据自身的环境条件及身体状况，做一些舒缓的体操运动，不仅能够缓解疲劳、增强肌力，还能使胎儿身心发育良好。注意动作要舒缓，还要保暖，以免着凉感冒，影响受孕。

情绪胎教：静心呼吸法，稳定情绪除烦躁

前面已经说过，孕妈妈的情绪对胎宝宝有着不可估量的作用，因此，保持宁静、愉悦的心情，对于提高胎教的效果非常重要。下面的呼吸法，对稳定情绪和集中注意力非常有效。

进行呼吸法的练习时，场地可以自由选择，可以坐在床上，也可以坐在沙发上，甚至平静地站着。关键是腰背舒展，全身放松，微闭双眼，手可以放在身体两侧，也可以放在腹部，总之，你觉得舒服就好；衣服尽可能穿得舒服。

准备好以后，用鼻子慢慢地吸气，在心里默默地慢数 5 下，自觉平时肺活量好的孕妈妈可以数 6 下。吸气时，要让自己感到气体被储存在腹中，然后慢慢地将气呼出来，用嘴或鼻子都可以。总之，要缓慢地、平静地呼出来，呼气的时间是吸气时间的 2 倍。

实施呼吸法的时候，尽量不要去想其他事情，要把注意力集中在吸气和呼气上，

一旦习惯了，注意力自然就会集中了。进行胎教前，先进行这样的呼吸，孕妈妈的精神被集中起来了，胎教的效果自然就提高了。

营养胎教：叶酸补充不能忘

由于饮食习惯的影响，我国约有 30％的育龄女性缺乏叶酸，北方农村女性更为严重。因此，为了提高人口素质，普遍提倡在计划怀孕前 3 个月就开始补充叶酸，每天 400 微克，直至妊娠结束或怀孕后 3 个月。如果之前没有服用叶酸，孕妈妈也不用太着急，从现在开始服用，依然有效哦。

叶酸是胎儿生长发育中不可缺少的营养素。若不注意孕前与孕期补充叶酸，则有可能会影响胎儿大脑和神经管的发育，造成神经管畸形，严重者可致脊柱裂或无脑畸形儿。研究发现，女性孕前 1~2 个月内每天补充 400 微克叶酸，可使胎儿发生兔唇和腭裂的概率降低 25％~50％，先天性心脏病患儿出生的概率也可降低35.5％。此外，叶酸还可以有效提高孕妈妈的生理功能，提高抵抗力，预防妊娠高血压等。

含叶酸的食物很多，下表中所列的食物都含有叶酸，孕妈妈可以通过食用下列食物来补充叶酸。

不过，由于叶酸是水溶性维生素，在高温、光照条件下均不稳定，食物中的叶酸烹调加工后损失率可达 50%~90％，所以，一般从饮食中获得足够叶酸非常困难，孕妈妈可多摄入添加了丰富叶酸的营养品（表 1-1）。

表1-1　女性所需叶酸的主要来源

蔬菜	莴苣、菠菜、番茄、胡萝卜、花椰菜、油菜、小白菜、扁豆、蘑菇等
水果	橘子、草莓、樱桃、香蕉、柠檬、桃子、杨梅、酸枣、山楂、石榴、葡萄等
谷物	大麦、米糠、小麦胚芽、糙米等
动物食品	动物肝脏、肾脏、禽肉及蛋类、牛肉、羊肉等
豆类	黄豆、豆制品等
坚果	核桃、腰果、栗子、杏仁、松子等

4.孕1周食谱推荐

香菇鸡粥

【材料】香菇50克，鸡腿1个，大米75克。

【调料】盐适量。

【营养解析】可以增强人体抗病能力，有补肝肾、健脾胃的功效。

【做法】

①鸡腿剁成块，香菇用温水泡发。

②将大米放入煲中，加清水适量，水开后稍煮一会儿，再下入香菇、鸡块，煲成粥即可。

熘肝尖

【材料】鲜猪肝300克，胡萝卜片、黄瓜片各适量，葱姜末、蒜片各少许。

【调料】料酒、酱油各15毫升，白糖7克，醋3克，盐、鸡精各1克，花椒油5克，淀粉、食用油各适量。

【营养解析】猪肝含有丰富的铁、磷、蛋白质，常吃可补肝明目、排毒。

【做法】

①猪肝切片，加盐、鸡精、料酒、淀粉拌匀，放热油中滑散滑透，倒入漏勺。

②取小碗加入料酒、酱油、白糖、鸡精、淀粉兑成芡汁备用。

③炒锅上火烧热，加少许油，用葱姜末、蒜片炝锅，烹醋，放胡萝卜片、黄瓜片煸炒片刻，再放猪肝片，泼入芡汁，翻炒均匀，淋花椒油即可。

二、孕2周 最佳受孕时机

亲爱的宝宝，妈妈已经做好准备迎接你的到来！宝贝快来吧！妈妈仿佛已经能感受到你轻快的脚步，听到你嬉笑着扑向我的怀抱。想到这些，妈妈的心里就有一股暖流涌过。将有一个神奇的生命在妈妈身体里孕育，从此与我血脉相连，像天使一样照亮我的生命，这真是一个奇迹啊！

1.胎宝宝的样子

进入第2周后期，你已经进入排卵期，现在你就应该做好准备了。你的身体会排出成熟的卵子到达输卵管。成熟的卵子直径约0.2毫米，是人体内最大的细胞，肉眼也可以看见。卵子排出后15~18小时内受精能力最强，排出30小时后就会发生变性而逐渐失去受精能力。

进入排卵期。

男性分泌的精液中充满成熟的精子。成熟的精子很小，约0.05毫米长，形状像蝌蚪，拖着长长的尾巴，依靠尾部的摆动，向前移动得很快，速度为每分钟2~3毫米。同房后，极少数精子进入女性的输卵管，仅有1个或几个精子能与卵子结合，形成受精卵。受精卵将在子宫着床发育成胎儿。

2.孕妈妈的神奇变化

在本周，你的体形和体重基本没有变化。你会在本周，也就是月经期结束后第2周后期进入排卵期，并在这一周末排出成熟的卵子，健康的精子也在准爸爸体内不断成熟，等待着与卵子相遇。所以，本周末是你的最佳受孕期，一旦卵子和精子相遇，您就成为准妈妈了。

☀ 斯瑟蒂克提醒：准爸妈必读

▢ 最佳受孕时间

什么时候最容易受孕？这可能是此阶段的你最想知道的。最佳受孕季节，一年之中以七、八月份怀孕，四、五月份生产为好。受孕前一个月内，你们应减少同房次数，最好在排卵期进行。同房时间宜选择早晨起床前，经过一晚的休息，精力会更充沛哦。

▢ 孕期用药

在这个阶段，你应该谨慎用药。在怀孕初期，任何药物、放射线、酒精、感冒都可能导致胚胎发育受到影响。

▢ 孕妇奶粉

从现在起，你可以每天喝一杯孕妇奶粉，孕妇奶粉包括了叶酸、钙、铁等你需要的各种营养素。

▢ 远离宠物

许多宠物身上都生存着一些更微小的小动物，比如弓形虫等。这些小虫子有可能让你感染一些疾病，使胎儿神经系统有受损害的危险。因此，如果你一直养着宠物，现在要准备把宠物安置到其他地方了。

3.胎教时光：用爱心记录胎儿的成长

你可以与准爸爸一起设想宝宝来临的各种美好情景，把心中对宝宝的憧憬和渴望当作最初的胎教。你们夫妻感情稳定、恩爱是对孕育初期的胎宝宝最好的胎教和保护。有意识地调适双方的心态，保持平和愉悦，不要大悲大怒。

写胎教日记，记录胎儿和孕妈妈的变化

现在开始就可以写胎教日记了。由于怀孕时激素变化，孕妈妈可能心情起伏不定，时而喜悦，时而烦躁，时而感激，时而忧虑，可以把自己的种种状态全部记下来，借此恢复内心的平和。写的时候，心里要想着胎宝宝，好像在和胎宝宝对话，记录下孕妈妈和胎宝宝所有的身体变化，以及为胎宝宝做过的点点滴滴。等孩子长大后，这本日记可以当作礼物送给孩子，相信这是世界上最独特、最珍贵的礼物了！

准爸爸学堂

如果你们已经决定了要宝宝，那么，这周准爸爸的行为至关重要，在准妈妈排卵期，合理安排房事，准备做一个爸爸了哦！

创造最佳受孕环境

你要与妻子一起创造最佳受孕环境，采用最佳受孕体位，幸福地去完成你们的使命。科学家研究表明，女性在性高潮时孕育的孩子更聪明。

合理安排同房时间

这一周准妈妈进入排卵期，准爸爸要找准时机，"大显身手"了哦！对于准爸爸来说，这是肩负重担的一周。

准爸爸每天要帮助准妈妈测量基础体温，在她早晨睡醒后，立刻测量口腔体温3分钟以上，如果准妈妈的体温升高 0.3℃，你们就可以在此时同房了哦！

舒适的性生活是孕育宝宝良好的开端，所以抓住这次机会，两人充分享受这次至关重要的结合。

安抚准妈妈的情绪

这周准妈妈处于排卵期，所以一定要保证你们保持愉快的心情。舒缓愉悦的心情，对排卵是很重要的。有的准妈妈在排卵期会有情绪波动，准爸爸这时要耐心地劝解，耐心地安抚她的情绪。

营养胎教：调节饮食，为胎宝宝的健康发育打好基础

对于孕妈妈来说，本阶段除了继续补充叶酸外，依然要注意饮食的多样化，保持营养均衡。同时，做好忌口，一切不利于怀孕的饮食习惯都要避免，为胎宝宝的健康发育打好基础。

在孕早期，孕妈妈的胃口可能非常不好，所以，饮食上可以选择吃一些对身体有益的食物，少而精，给胎宝宝提供发育最需要的营养。以下介绍几种，以供参考：

水果： 胎儿在发育过程中，需要维生素参与细胞的合成。虽然蛋类、乳类、豆类、蔬菜中维生素的含量也不少，但它们都易溶于水，往往在烹调过程中会大量流失掉。水果可以洗净生吃，这样就避免了在加热过程中维生素的损失。所以，孕妈妈多吃些水果，特别是新鲜水果，对补充自身和胎儿所需的维生素是非常有利的。

核桃： 核桃含有丰富的不饱和脂肪酸、蛋白质，较多的磷、钙和各类维生素，还含有碳水化合物、铁、镁、硒等。中医认为，核桃有补肾固精、温肺止咳、益气养血、补脑益智、润肠通便等作用，孕妈妈常吃核桃可防病健身，有利于胎儿健脑。

花生： 花生被世界公认为是一种植物性高营养食品，中医学认为，花生具有醒脾开胃、理气补血、润肺利水和健脑抗衰等功效。吃花生不要去掉红色的皮，红皮为利血物质。

芝麻： 芝麻含钙、磷、铁，同时含有15.7％的优质蛋白和近 10 种重要的氨基酸，这些氨基酸均为构成脑神经细胞的主要成分。中医学认为，芝麻有填精、益髓、补血、补肝、益肾、润肠、通乳、养发的功能，孕妈妈适当多吃芝麻对自己和胎儿都有益。

豆类： 这里所说的豆类主要是指大豆和大豆制品。大豆的营养价值很高，具有健脑作用，大豆制品营养也很丰富，且易消化吸收。

小米： 中医认为，小米有滋养肾气、健脾胃、清虚热等作用。小米是适宜孕妈妈常吃的营养价值较高的食品。

海鱼： 海鱼营养丰富，含有易被人体吸收的钙、碘、磷、铁等无机盐和微量元素，对于大脑的生长、发育、健康有着极高的效用，是孕妈妈应经常食用的美味佳肴。

鹌鹑： 医学界认为，鹌鹑肉对营养不良、体虚乏力、贫血头晕者适用，故也适合孕产妇食用。鹌鹑肉富含的卵磷脂、脑磷脂，是神经元活动不可缺少的营养物质，对胎儿有健脑的功效。

黑木耳： 黑木耳营养丰富，具有滋补、益气、养血、健胃、止血、润燥、清肺、强智等功效，是健脑和强身的佳品。

4.孕2周食谱推荐

菠菜蛋汤

【材料】鸡蛋2个，菠菜、黑木耳各10克，胡萝卜25克，葱花适量。

【调料】猪油、盐、料酒、鲜汤、麻油各适量。

【营养解析】此汤具有补铁补血、健脑益智的作用，可养血补身。

【做法】

①鸡蛋打散，菠菜、胡萝卜切小片，黑木耳切成小片。

②炒锅内加入猪油烧热，倒入蛋液，煎至两面金黄取出，用刀切片待用。

③原锅里倒入鲜汤，放入胡萝卜片、黑木耳片、鸡蛋片，大火烧约10分钟，至汤色变白时，加入盐和料酒，调好口味，最后撒入菠菜片，烧沸后淋上麻油、撒上葱花即可。

蜂蜜鲜萝卜水

【材料】鲜萝卜250克，蜂蜜150克。

【营养解析】鲜萝卜中含有丰富的膳食纤维，具有促进消化、增强食欲、加快胃肠蠕动的作用，可以止咳化痰，适用于饮食不消化、腹胀、反胃、呕吐等孕期症状。

【做法】

①鲜萝卜洗净，切丁，放入沸水中煮沸后捞出，滤干水分，晾晒半日，再放入锅内。

②加入蜂蜜，用小火煮沸，调匀即可。

三、孕3周 真的怀孕了

"早上好！我的宝贝，让我们一起度过美好的一天吧！"

"你看，太阳升起来啦！真是个好天气！"

现在，妈妈要洗漱啦，先刷牙，再洗脸，然后喝一杯凉开水，吃完早餐，妈妈要去上班啦。

1.胎宝宝的样子

此时的胎宝宝在外形上还没有形成人的特征，叫作"胚芽"。胚芽表面被绒毛组织覆盖，不久后将会发育成胎盘。胎盘和羊膜形成，胎宝宝与妈妈的血液循环就建立了联系。在滋养层里，胚胎开始成形，现在看起来很像椭圆形的盘子。

胚芽。

2.孕妈妈的神奇变化

到了第3周，受精卵已经进入到子宫里开始发育，孕妈妈才算是真正怀孕了。受精卵转移到子宫的过程中，有时会出现轻微的流血，这属于正常现象，不必惊慌。

☀ 斯瑟蒂克提醒：准爸妈必读

🔲 充分休息和睡眠

孕妈妈要保证生活规律，适当增加休息及睡眠时间。晚上睡眠不要少于8小时，睡觉时注意体位，左侧卧位可以减轻子宫右旋对血管的压迫，有利于胎儿的血液供应。一定要避免过于劳累，不剧烈运动，不做重体力劳动，不进行长途旅行。

🔲 远离辐射

怀孕初期，胎儿器官发育没有完成，对辐射比较敏感，非常容易受到伤害。因此，孕妈妈要特别注意不要接触辐射源，远离电磁炉、微波炉、手机、电热毯、吹风机、复印机、电脑等。

🔲 水果勿过量

有的孕妈妈每天吃大量水果，摄入了过多糖分，患上了妊娠糖尿病，对母体和胎儿都会造成影响。因此，要控制饮食，营养均衡，每天吃200克水果就能够满足机体对营养成分的需求了。

3.胎教时光：时刻保持快乐的心情

孕妈妈的情绪非常重要，不但会对自身的食欲、睡眠、精力、体力等几个方面造成影响，还会影响胎儿的血液供给、胎儿的心率、呼吸以及胎动等。因此，孕妈妈要时刻保持快乐的心情，树立"宁静养胎就是胎教"的观点，确保情绪稳定、乐观，切忌大悲大怒，甚至吵架、斗殴等不良行为。

✐ 情绪胎教：滋养身心的瑜伽冥想操

从准备怀孕的那一刻起，孕妈妈的心理便有了微妙的变化，惊喜、甜蜜、担忧、焦虑……瑜伽冥想操能够有效地松弛身体，缓解紧张。如果孕妈妈有情绪变化，不妨做一下冥想操。

首先，选择一处舒适的位置，仰卧，播放一段优美、舒缓的轻音乐，闭上眼睛，将意识关注整体，自然均匀地腹式呼吸。从双脚趾开始，依次向上默念放松。脚趾、脚背、脚心、脚跟放松……脚踝、小腿、膝盖、大腿放松……臀部、胯部、腰部放松……背部、肩膀、手臂、手指放松……腹部、胃部、胸门、喉咙放松……脸颊、眉心、整个头部放松……进入冥想，仿佛仰卧在鲜花丛中，沐浴着温暖的阳光，微风轻轻地吹拂，小鸟在叽叽喳喳地歌唱……正在孕育新生命的你，给胎宝宝提供着伟大的生命源泉……

放松过程大概持续 10 分钟左右，然后将两掌心搓热，贴于两颊，保持几秒，促进面部血液循环；再将两掌心贴于眼皮上，保持眼球不动，促进眼周围血液循环，充分放松眼球。之后，反复进行几次蒲公英式呼吸，缓慢睁开眼睛，结束练习。

✐ 音乐胎教：欣赏班得瑞的《春野》

班得瑞创作的乐曲《春野》，曲式轻柔徐缓，细腻飘渺，仿佛置身春天里的清晨，鼻端飘来淡淡的青草芳香，沁人心脾的凉意，让人倍感舒适愉悦。这首曲子最适合在清晨的时候，与丈夫一起聆听，共同沐浴在音乐的美好与幸福中。

如果孕妈妈感到焦虑烦躁，也可以听听这首清新悠扬的自然之乐，让身心得到放松。

准爸爸学堂

俗话说，"爱子先爱妻"。孕期很多女性会有情绪波动，准爸爸这时要加倍关心爱护孕妈妈，让孕妈妈时刻感受到家庭的温暖和丈夫的爱意。平时要主动干家务，让孕妈妈有充足的休息时间；戒除烟酒；提醒孕妈妈服用叶酸；给孕妈妈讲笑话，不要让孕妈妈生气和有不良情绪；陪孕妈妈去户外散步；和孕妈妈一起听优美的乐曲……最重要的是多陪伴孕妈妈，这样孕妈妈才能心情舒畅，稳定地度过孕期。

营养胎教：摄取足够的优质蛋白质

孕早期，小胚胎还不能自身合成生长发育需要的氨基酸，必须由孕妈妈供给。因此，孕妈妈一定要摄取足够的且容易消化吸收的优质蛋白质。不喜欢吃动物蛋白食物的孕妈妈可采用豆类及豆制品、干果类、花生酱、芝麻酱等植物性蛋白质食物代替。有些孕妈妈不喜欢喝牛奶或喝牛奶后腹胀，可以用酸牛奶、豆浆来代替。

4.孕3周食谱推荐

素炒三鲜

【材料】竹笋250克，芥菜100克，水发香菇50克。

【调料】麻油、盐、鸡精各少许，食用油适量。

【营养解析】素炒三鲜是食素者的上佳食谱，内含蛋白质、脂肪、碳水化合物、钙、磷、铁、维生素B_2和烟酸等成分，既开胃，又增强食欲。

【做法】

①将竹笋切成丝，放入沸水锅里烫一烫，入凉水洗净，沥干水分，待用。

②把水发香菇切去老蒂，清水洗净，切成丝，待用。

③将芥菜择去杂质，清水洗净，切成末，待用。

④把炒锅洗净，置于旺火上，起油锅，下入笋丝、香菇丝，煸炒几下，加少许清水，大火煮沸后，转用小火焖煮3~5分钟，下入芥菜末迅速炒熟，放盐、鸡精炒匀，淋上麻油即可。

虾仁豆腐

【材料】虾仁100克，豆腐200克，葱花、姜末各适量。

【材料】盐、酱油、料酒、淀粉各适量。

【营养解析】这道虾仁豆腐含有丰富的蛋白质、脂肪、碳水化合物、膳食纤维、维生素A、胡萝卜素、钙、磷和锌等。常食不但有益健康，还能补充受孕所需的各种营养成分。

【做法】

①将虾仁洗净，并用料酒、葱花、姜末、酱油、淀粉等腌好备用；将豆腐洗净，切丁。

②用旺火快炒虾仁，放入豆腐，放盐炒匀调味即可。

四、孕4周 标志着胚胎期的开始

太阳还是那样照着，风儿还是那样吹着，楼下广场上的奶奶们还是那样跳着广场舞，一切都照旧进行着，只有我知道：我的宝宝，悄悄地在我身体里着陆了！世界如此美妙，宝贝，你好吗？你要快快长大，出来和世界问个好。妈妈也会好好吃饭，开心生活，给你最丰富的营养，最纯洁的爱，最好的一切！

1.胎宝宝的样子

3周左右的胎芽，大小刚能用肉眼看到，长度为5~10毫米，重量不足1克，从外表上看身体是二等分，头部非常大，占身长的一半。有类似鳃和尾巴的构造，感觉像个小海马。胳膊和腿大体上有了，但因为太小还看不清楚。眼睛和鼻子的原型还未形成，但嘴和下巴的原型已经能看到。与母体相连的脐带，从这个时期开始

受孕。

发育。脑、脊髓等神经系统和血液等循环器官的原型，几乎都已出现。心脏从第2周末开始形成，从第3周左右开始搏动，而且肝脏也从这个时期开始明显发育。

2.孕妈妈的神奇变化

生命的种子开始在孕妈妈体内生根发芽了，准妈妈的子宫为了满足胚胎摄取营养的需要而不断增厚，因而会显得比妊娠前略有增大，大小类似于一个鸭蛋。同时，子宫的形状也开始由扁平变为圆形，子宫壁开始增厚，变得柔软。此时，卵巢开始分泌黄体激素，使乳房稍微变硬，乳头颜色变深且敏感。较为敏感的孕妈妈会感觉到乳头有痛感。由于体内激素分泌情况开始变化，孕妈妈开始出现恶心、呕吐等害喜症状。部分敏感的孕妈妈还会出现全身无力、怕冷、发热等类似感冒的症状。

斯瑟蒂克提醒：准爸妈必读

穿安全舒适的鞋子

孕妈妈穿鞋跟为 2~3 厘米的低跟鞋或坡跟鞋比较好，不要穿高跟鞋，以免给足部韧带造成负担；鞋子要合脚，鞋底柔软，弹性好，鞋底最好有防滑纹，避免摔倒。

喝孕妇奶粉

大多数孕妈妈在孕初期会出现强烈的呕吐、偏食现象，对胎儿的发育不利。孕妈妈可以坚持喝孕妇奶粉，其中所含的优质均衡的营养可以补偿早孕反应造成的营养缺失。注意产品标示不清楚的奶粉千万不要喝。

生活禁忌要记清

不要去舞厅、K 歌房等强噪声环境，远离污染和放射线；使用洗涤剂要谨慎，最好能佩戴手套；饮食要注意，不要吃冷饮、山楂、海带、螃蟹、甲鱼、杏仁等。

3.胎教时光：准备一张漂亮又可爱的宝宝图

生出一个健康漂亮的宝宝，是所有爸爸妈妈们的心愿。为了实现这个心愿，孕妈妈可以在家中贴一张漂亮又可爱的宝宝图，每天看一看。

情绪胎教：准备一张漂亮可爱的宝宝图画

孕妈妈在家中贴一张自己喜欢的可爱的宝宝图画，每天看一看，可以舒缓孕妈妈心情，腹中的宝贝也能受到良好的感应，促进胎儿身心发育。据说，怀孕时多看漂亮的宝宝，生出的宝宝也会很漂亮呢！还有一种说法是多看自己喜欢的可爱的宝宝图画，以后生出来的宝宝会和画上的宝宝一样可爱漂亮！这大概是所有爸爸妈妈们的美好心愿吧！

音乐胎教：欣赏《水边的阿狄丽娜》

《水边的阿狄丽娜》是由保罗·塞内维尔所作，理查德·克莱德曼演奏的钢琴曲，取材于希腊的神话故事。整个曲子旋律细腻、柔和、沉稳，在不动声色中渐渐向前推进，仿佛阿狄丽娜在水边撩动水波，让人心灵宁静，好像置身自然美景中，看到了美丽的天空，碧蓝的大海，清澈的山泉……

理查德·克莱德曼被誉为"钢琴王子"，他的琴声流畅、美妙、年轻、典雅却又通俗易懂，用真挚感人、充满梦想与激情的琴声拨动着人的心弦，给人以美的享受。现在和宝宝一起欣赏这首理查德·克莱德曼的成名曲吧。

🖊 准爸爸学堂

胎教不是孕妈妈一个人的事情，准爸爸也是主力军。研究证明，胎儿能够识别父亲的声音。准爸爸可以隔着孕妈妈的肚皮经常轻轻抚摸胎宝宝，同时和胎宝宝进行对话，将父爱传递给胎宝宝，或者选择5~10分钟给胎宝宝唱上两首歌，和胎宝宝交流感情。这样孩子出生后会更早也更容易识别父母的声音，对孩子而言，也会更有安全感，可以消除环境的改变带来的不安和紧张。

总之，准爸爸要及时准确地进入到教育胎宝宝的角色中，用深沉的父爱去培育幼小的新生命，让他更健康聪明！

🖊 营养胎教：多补充维生素和矿物质

胎儿期和出生的第一年，是决定宝宝骨骼和牙齿发育好坏的关键时期，所以孕妈妈和宝宝要确保钙、磷的足够摄入。胎儿对锌、铜元素的需求也很多，缺锌、缺铜都可导致胎儿骨骼、内脏及脑神经发育不良。

谷类、蔬菜、水果中富含各种维生素、矿物质和微量元素，注意多吃此类食物。

4.孕4周食谱推荐

红烧带鱼

【材料】带鱼400克，水发冬菇100克，葱3段，姜片、蒜瓣各适量。

【调料】八角10克，食用油、料酒、酱油、醋、盐、白糖各适量。

【营养解析】带鱼富含优质蛋白质与不饱和脂肪酸。孕期女性多吃带鱼，可达到滋补强壮、和中开胃及养肝补血的功效。

【做法】

①将带鱼去头、尾、鳃、鳍和内脏，洗净控干水分后，两面剞上斜一字花刀，再改成菱形段，冬菇切成片备用。

②锅中油烧至七成热，将带鱼煎至金黄色捞出，倒出多余的油。

③锅中留少许油，放入八角、葱段、姜片和蒜瓣炸香，淋入少许醋，将带鱼段放入锅中，加入冬菇，放入酱油、白糖、料酒、盐和适量水（水面与带鱼面平），用大火烧开，再改用小火烧至带鱼熟、汤汁浓稠即可。

甘薯糙米饭

【材料】糙米100克，甘薯100克。

【营养解析】糙米与甘薯均含有丰富的膳食纤维及叶酸，孕期食用，可帮助补充叶酸，有助缓解便秘。

【做法】

①甘薯去皮洗净，切块或丁备用。

②糙米淘洗干净，连同甘薯块放入电饭锅或煲仔中，倒入适量水，蒸熟或煲熟后即可食用。

THE SECOND
MONTH OF
PREGNANCY

第二章

孕2月（5～8周）：
妈妈的音乐胎教

多播放旋律优美、节奏明快的天才宝宝音乐或歌曲，
将幸福与爱的感觉传递给胎儿。

——实子·斯瑟蒂克

一、孕5周 小胚芽长出来了

亲爱的宝宝，妈妈开始觉得困倦、嗜睡、吃不下饭了，但是妈妈好开心，因为妈妈知道那是你在提醒妈妈你的存在！你正在妈妈肚子里生长，并用这种方式告诉妈妈，妈妈觉得你好棒，妈妈真为你感到骄傲！妈妈相信你是世界上最好的宝宝！你要在妈妈肚子里好好成长，将来健康地和爸爸妈妈见面！

1.胎宝宝的样子

此时的胎宝宝还只能被称为"胚胎"。胚胎一旦植入子宫，就开始分泌相关的激素（就是这种化学物质让你感到胃口不适，甚至恶心呕吐。这种不适是胎儿在提醒你："妈妈，我来啦！请您的免疫系统不要把我当作异物哦！还有，请让子宫和乳房为我做好准备。"）胚胎细胞更加分化，形成"三胚层"，每一层细胞都将形成身体

▶ 胚胎。

的不同器官。这个时期，神经系统和循环系统的基础组织最先开始分化。此时，小胚胎只有苹果籽那么大，外观依然很像"小海马"，大约长4毫米，重量不到1克。

2.孕妈妈的神奇变化

生命的种子已经植入你的体内，如果你是有备而来，从大约得知自己排卵的那时起，你就会非常敏感地关注着自己的一切变化，期待着所希望的事情发生。由于激素的作用，你可能尚未知道怀孕就会觉得身体有了一种异样的充实感。果然，你的身体确实发生了变化，出现了怀孕的征兆。

☀️ **斯瑟蒂克提醒：准爸妈必读**

🟦 提防流产

怀孕早期，15%~20% 的孕卵会发生自然流产。因此，如果出现腹痛和阴道出血要引起重视，及时去医院。孕早期不要做 B 超，以保护胚胎的正常发育，避免流产或胚胎畸形。

🟦 调理饮食

第 5 周，孕妈妈大多出现了早孕反应，烧心、胃口不佳，最好的办法是休息和调理饮食，少食多餐，想吃什么就吃什么，能吃多少尽量吃，可以选择体积小而营养成分高的食物，并补充碳水化合物。

3.胎教时光：沐浴音乐的美好与幸福

音乐对于孕妈妈来说，可以安抚情绪，滋养心灵，陶冶情操；对于胎宝宝来说，音乐可以刺激大脑，促进智力发育。因此，可以选择一些旋律优美、富有节奏、轻柔舒缓以及曲调欢快的音乐作品，维持孕妈妈愉快的心情，刺激胎宝宝良性生长。

音乐胎教：欣赏《献给爱丽丝》

《献给爱丽丝》是贝多芬40岁左右时为爱慕的姑娘创作的钢琴小品，有3分多钟。作品柔美动人，节奏明朗欢快，旋律清新流畅，仿佛在向心爱的女孩倾诉衷肠，可以想象出女主人公温柔美丽、活泼甜蜜的模样。

孕妈妈在听曲子时，可以想象出一幅幅动人的图画，也可以理解为贝多芬要献给的，不仅是崇高的爱情，还有人类所有闪亮的女性。

意念胎教：画出宝宝的样子

孕妈妈可以在心中想象宝宝将来的样子，是男孩还是女孩？像妈妈还是像爸爸？皮肤白不白？眼睛大不大？单眼皮还是双眼皮？鼻子遗传爸爸的，嘴巴遗传妈妈的吗……然后，把自己心中想象的宝宝的样子画出来，准爸爸也可以配合共同创作，有助于将来生一个漂亮的宝宝哦。

语言胎教：呼唤宝宝的名字

怀孕第 2 个月是胎儿大脑发育最快、也是最重要的阶段。准爸爸和孕妈妈可以为胎宝宝起一个可爱的名字，经常对着腹部进行呼唤，可以刺激胎儿的大脑发育，让胎宝宝建立一种固定的反应，为以后加深父母和宝宝的感情打下良好的基础。

早晨起床的时候，孕妈妈可以轻轻抚摸腹部，对胎宝宝说："xx，要起床喽！"出去散步的时候，可以对胎宝宝说："xx，外面的空气真新鲜，是不是？花儿开得真好啊，小鸟在唱歌呢。"睡觉的时候，可以对胎宝宝说："xx，要睡觉啦。好好休息，明天见哦。"

准爸爸学堂

这一周，从医生那里证实了宝宝的来临，孕妈妈要和准爸爸分享喜悦，一起庆贺，并和准爸爸制定"爱的约定"。为了让胎宝宝感受到来自爸爸妈妈的爱，约定无论什么时候都不吵架，准爸爸要主动关心体贴妻子，学会多一些细心，主动为妻子做一些事，为妻子提供最大的便利和帮助，如帮妻子系鞋带、拉拉链、捡东西等，既可以增进夫妻感情，又能让孕妈妈心情愉悦，有助于小宝贝的成长。

◎营养胎教：这样吃鱼最健康

鱼类是重要的动物性食物，营养价值极高，对胎宝宝的大脑及神经系统的发育非常有益。鱼肉组织柔软细嫩，比畜禽肉更易消化。鱼肉中的蛋白质含量丰富，85%~90% 为人体必需的各种氨基酸，而且比例与合成人体蛋白质的模式也极相似，可利用率极高。鱼类脂肪含量不高，但鱼类脂肪多为不饱和脂肪酸，熔点低，因此，被人体消化吸收率可达 95% 左右。海鱼中不饱和脂肪酸高达 70%~80%，有益于胎宝宝大脑和神经系统的发育。另外，鱼类含有的无机盐稍高于肉类，是钙的良好来源。海产鱼类的肝脏中含有丰富的维生素 A、B 族维生素、维生素 D 等。那么，孕妈妈如何吃鱼更健康呢？

孕妈妈应适当多吃体型小的深海鱼，如黄花鱼、平鱼、带鱼等，人工饲养的鳟鱼，以及生长环境水质好的鲫鱼、鲤鱼、鲢鱼等淡水鱼也是不错的选择。

尽管鱼类营养丰富，可是有些种类的鱼体内却含有汞，这种物质可经胎盘进入胎宝宝体内，不仅会影响其生长发育，导致生长发育迟缓，还会对大脑发育造成损害。因此，有些鱼适合孕妈妈，而有些鱼则不适合。

一般鲨鱼、剑鱼、方头鱼等体内汞含量比较高。因此，在怀孕和哺乳期间最好不要吃这些鱼。金枪鱼体内的汞含量也相当高，如果一定要吃的话，淡水金枪鱼的摄入量每周不应该超过 170 克。长鳍金枪鱼（又叫白金枪鱼）体内汞的含量是淡水鱼的 3 倍，因此，孕期最好少吃或不吃这些鱼，以免对胎宝宝产生不利影响。

🍏 注意

吃鱼不是越多越好，孕妈妈每周吃鱼以不超过 3 次为宜。

做鱼前，一定要将鱼的内脏清除干净，彻底消除健康隐患。

烹调淡水鱼的时候，尽量采用蒸煮的方式，清淡的饮食对孕妈妈比较好。

吃鱼时，孕妈妈要经常交换着不同的品种吃，不要在一段时间内只吃一种鱼。

孕妈妈吃鱼时尽量不要吃鱼皮，因为很多污染物都在鱼皮上。

怀孕期间，孕妈妈尽量不要吃生鱼，避免可能存在的寄生虫对胎宝宝的影响。

4.孕5周食谱推荐

橘肉圆子

【材料】橘子瓣或橙子100克，糯米粉100克。

【调料】白糖150克，糖桂花2小匙。

【营养解析】此甜品可补气血，健脾胃，适用于孕妈妈脾胃虚弱、血小板减少、贫血、营养不良等症。

【做法】

①将橘子瓣剥去膜衣，去籽，取出橘肉，放入干净的碗里。

②在糯米粉中加适量温水，拌匀揉透，搓成长条，切成1厘米见方的块，再搓成一个个圆子。

③将锅置于火上，加入500毫升清水，煮沸后下入糯米圆子煮熟。

④另起锅，加入500毫升清水和白糖，煮沸后放入煮熟的圆子，加入糖桂花同煮12分钟。连汤带圆子盛入放有橘肉的碗里。

大枣山药粥

【材料】大枣10枚，山药10克，大米100克。

【调料】冰糖适量。

【营养解析】此粥可补气血，健脾胃，适用于孕产妇脾胃虚弱、血小板减少、贫血、营养不良等症。

【做法】

①将大米、大枣用清水淘洗干净，山药去皮切片。

②将大米、山药、大枣放入锅内加水，用大火烧沸后，转用小火炖至熟烂。

③将冰糖放入锅内，加少许水，熬成冰糖汁，再倒入粥锅内，搅拌均匀即可。

二、孕6周 B超可以测到胎宝宝的心跳了

亲爱的宝宝，早上好啊！妈妈昨天晚上一直去厕所，没吵到你睡觉吧？要是没睡够就多睡一会儿吧。医生说你的小心脏已经开始跳动了，妈妈好激动啊！两颗心一起跳，多么奇妙的旅程啊！虽然最近妈妈有点小小的不舒服，但是想到你正在妈妈肚子里慢慢长大，就充满了力量，什么也不怕了。宝贝，你就是妈妈的动力，我们一起加油吧！

1.胎宝宝的样子

在子宫里，胚胎正在迅速地成长，人体的各种器官均已出现，只是结构和功能还很不完善。小心脏也已经开始有规律地跳动。胚胎的长度有 0.6 厘米，像一颗小松子仁，包括初级的肾和心脏等主要器官都已形成，神经管开始连接大脑和脊髓。四肢开始出现了，但还是不甚规则的凸起物，医学上依然称之为"胎芽"。

▶胚芽。

2.孕妈妈的神奇变化

由于雌激素和孕激素的刺激作用，孕妈妈会感到胸胀、乳房变大变软、乳晕颜色变深，时感困倦、排尿频繁，清晨起来常觉得恶心、呕吐，同时伴有头晕、食欲不振、厌恶油腻食物等症状。

斯瑟蒂克提醒：准爸妈必读

适当补充脂肪

脂肪是胎儿脑发育不可缺少的重要物质，所以孕妈妈补充脂肪是必不可少的。脂肪主要来源于动物油和植物油，如果不喜欢油腻食物，可以吃些核桃和芝麻，但摄入量不能过多。

少吃酸性食物

孕初期恶心呕吐，很多人喜欢吃酸性食物缓解。但大量的酸性食品会使体内碱度下降，引起疲乏无力，体质长期处于酸性状态还会影响胎儿发育，甚至可能导致畸形。因此，最好不要过多食用酸性食物，更不要服用酸性药物，比如维生素 C、阿司匹林等。

远离清凉油、汽油等

清凉油中的成分，如樟脑、薄荷、桉叶油经皮肤吸收，会通过胎盘进入胎宝宝体内，影响其生长发育；汽油味会让孕妈妈头晕、恶心、呕吐、烦躁，汽油里的铅会影响胎宝宝的神经系统。因此，孕妈妈最好远离汽油环境，不要用清凉油提神。

3.胎教时光：可以多听听一些儿歌

儿歌是专门为宝宝创作的歌曲，曲调简单，旋律轻快，形象鲜明，非常适合准妈妈和胎宝宝聆听。

生动有趣的儿歌能唤起孕妈妈美好的情感和艺术想象力，使孕妈妈气血畅通、细胞活跃、心情愉快，同时会让宝宝产生共鸣，身心愉悦，从生理和心理上对孕妇和胎儿都起到积极的作用。

音乐胎教：儿歌《小毛驴》

这是一首非常有趣的儿歌，歌词亲切生动，饶有童趣。曲调活泼甜美，曲式浅显，节奏欢快，念唱结合，易学易唱。如果你愿意，可以从现在一直唱到宝宝长大。

我有一头小毛驴，

我从来也不骑，

有一天我心血来潮骑着去赶集，

忽然一阵哗啦啦啦，

我摔了一身泥。

情绪胎教：做一些自己喜欢的事情

此时，孕妈妈的情绪会起伏不定，一点小事都会烦躁。如果情绪波动比较大，不好化解，孕妈妈一定要想办法宣泄自己的情绪，学会自我调节，帮助自己摆脱不良情绪的困扰。

最好的办法是做一些自己喜欢的事情。比如，想出去散散步，就和准爸爸或者好朋友一起出去活动一下；想听听音乐，就选择自己喜欢的音乐听，也可以大声唱出来；或者泡泡澡、睡睡觉……都能够帮你缓解紧张情绪，增加食欲，有助于排烦解闷，稳定情绪。

准爸爸学堂

准爸爸是不是一开始不知道要给胎宝宝讲什么？其实可以讲讲自己的日常起居、所见所闻，或者是孕妈妈一些不熟悉的领域，准爸爸都可以大展身手。比如，陪孕妈妈出门散步的时候，看到路边的鲜花，闻到扑鼻的花香，都可以给宝宝讲一讲，并告诉胎宝宝一些小常识：花儿为什么这么香啊？为什么这么多颜色啊……准爸爸讲的时候，孕妈妈可以把看到的花的颜色、形状，和闻到的香味在脑子里浮现出来，传递给胎宝宝。

公园真美啊，万紫千红的花儿盛开着，闻着扑面而来的阵阵花香，真叫人心旷神怡。宝宝知道花儿为什么会这么香吗？因为很多花瓣中有一种油细胞，会不断分泌出带有香味的芳香油。当花开的时候，芳香油随着水分一起散发出来，就是人们闻到的花香啦！每种花含的芳香油都不同，所以散发的香味也不一样，有的浓郁，有的淡雅。还有一些花，虽然它们的花瓣中没有油细胞，但含有一种叫作"糖苷"的物质，分解后一样会产生香味。

一般来说，天气晴朗时，花瓣中芳香油挥发较快，飘得较远，所以香味会较浓些。但有些如夜来香、米兰等夜晚开放的花，因空气温度越大，花瓣的气孔就张得越大，芳香油也挥发得越多，所以，它们晚上散发出的香气要比白天更纯、更浓。

营养胎教：孕妇奶粉的选择方法

孕妇奶粉是根据孕妈妈孕期特殊的生理需要而特别配置的，能全面满足孕期的营养需求，比鲜奶更适合孕妈妈饮用。目前，市售的鲜奶大多只强化了维生素 A、维生素 D 和一些钙元素等营养素，而孕妇奶粉几乎强化了孕妈妈所需的各种维生素和矿物质。比如，孕妇奶粉中的钙元素是普通牛奶的 3.5 倍，可以为孕妈妈和胎儿提供充足的钙，预防缺钙性疾病。

喝孕妇奶粉，要根据具体情况具体对待。对健康孕妈妈来说，可以选择添加营养成分比较全面而均衡的奶粉。孕妈妈如果存在缺铁、缺钙等营养缺乏问题，可以着重选择相应营养含量较多的奶粉；如果孕期血脂升高，可以选择低脂奶粉。切记，喝孕妇奶粉就不需要再喝牛奶了。

4.孕6周食谱推荐

糖醋排骨

【材料】猪肋排1000克，西红柿、黄瓜各50克。

【调料】食用油、盐、料酒、酱油、白糖、醋各适量。

【营养解析】猪排骨富含蛋白质、钙元素，糖醋排骨酸甜可口，非常开胃，适合孕早期胃口不佳的孕妈妈。

【做法】

①将猪肋排斩成4厘米左右的方块，入沸水锅中，锅中加入少许盐，氽烫至八成熟，捞出沥干，肉汤留用；西红柿、黄瓜切块备用。

②锅置火上，放油烧热，放入猪排块、西红柿块和黄瓜块翻炒，倒入料酒炒出酒香，加入酱油炒出酱香，然后往锅里浇入肉汤，一次不要浇太多。再炒，多浇、炒几次，最后一次炒至汁半干时，加入白糖、醋和剩余盐，炒到汁快干时装盘即可。

板栗烧仔鸡

【材料】板栗10枚，仔鸡1只，蒜片适量。

【调料】高汤足量，盐、酱油、料酒、白糖各适量。

【营养解析】此菜适用于妊娠初期孕妈妈补充叶酸、维生素E、蛋白质；可健脾开胃、止吐，还可促进胎儿神经系统发育，预防先兆流产。

【做法】

①板栗用刀开一小口，大火煮10分钟捞出，剥去外壳。

②仔鸡切块，放盐、酱油、白糖、料酒腌渍10分钟。

③锅中加高汤、酱油、板栗、鸡块、白糖、料酒焖烧至板栗熟烂，加入蒜片继续焖5分钟即可。

三、孕7周 小蚕豆一样的胎宝宝

亲爱的宝贝，没有你之前，我为一件花裙子、一顿美味的晚餐、一次美丽的日出感到幸福，也以为遇见你的爸爸是最幸福的事。有了你之后发现，你才是妈妈最大最大的幸福！这种幸福感无法言喻，像蜜糖一样甜，像太阳一样温暖！妈妈的生命因为你而更完整！有了你，妈妈理解了我的妈妈。谢谢你，我的宝贝，让这种伟大的爱传递下去，让我成为最幸福的母亲！

1.胎宝宝的样子

胚胎的细胞仍在快速地分裂，到本周末时，胚胎大小就像一粒蚕豆，有一个特别大的头，在眼睛的位置会有两个黑黑的小点，而且鼻孔开始形成，腭部开始发育，耳朵部位明显突起。胚胎的手臂和腿开始伸出嫩芽，手指也从现在开始发育。这时心脏开始划分成心房和心室，而且每分钟的心跳可达150次，脑垂体也开始发育。

▶ 大小就像一粒蚕豆。

2.孕妈妈的神奇变化

大多数孕妈妈仍会有晨吐的现象。有的孕妈妈反应大，什么东西都吃不下；有的孕妈妈则随时可能会有饥饿的感觉而吃掉很多东西。总之，此时胎儿的器官正在生长，孕妈妈不管食欲如何，要想办法保证营养的补给，选择的食物可以少而精。

☀ 斯瑟蒂克提醒：准爸妈必读

▣ 多吃含碘的食物

碘是一种智力营养素，补过碘的孕妈妈生出的宝宝的体重、身高和智力都会比较好。孕妈妈日常生活中可多吃一些富含碘的食物，比如紫菜、大白菜、鸡蛋、菠菜等，促使胎儿大脑得到充分发育。

▣ 慎用化妆品

很多女性都有使用化妆品的习惯，但很多化妆品中的化学物质对孕妈妈及胎儿有一定的影响。怀孕期间要慎用，如口红、指甲油、染发剂、冷烫精等，最好不要用。

▣ 不要坐浴

女性怀孕期间，阴道分泌物增多，乳酸量降低，对外来病菌的杀伤力减弱，此时坐浴，脏水可能进入阴道，引起炎症，甚至发生感染，引发早产。因此，最好以擦澡、淋浴为宜，不要坐浴，也不要去公共浴池洗澡。

3.胎教时光：轻轻哼唱自己喜爱的歌曲

从现在开始，孕妈妈可以每天给胎宝宝哼唱自己喜爱的歌曲了。可以唱自己熟悉的，也可以是"现学现卖"，还可以自编自唱，关键是唱歌的时候，要饱含对宝宝的殷殷深情，用歌声把你对宝宝的深厚爱意表达出来，让胎宝宝在妈妈的歌声中幸福成长。

音乐胎教：宝宝最爱听妈妈唱歌了

孕妈妈亲自为胎宝宝哼唱歌曲，产生的物理振动，能使胎宝宝得到情感上的满足，还能让胎宝宝记住孕妈妈的声音和音乐的节奏，加强孕妈妈和胎宝宝之间的感情，使胎宝宝对音乐产生兴趣，陶冶情操，培养完善的性格。另外，唱歌还能使孕妈妈心旷神怡，改善不良情绪，创造良好的心境。

因此，孕妈妈只要一有时间，就要哼唱一些歌曲，向腹中的宝宝传达爱意，这对于胎宝宝来说是世界上最好听的歌声了！在唱歌时，要想象胎宝宝也在认真地聆听，正和你一起分享着这份喜悦和快乐。

情绪胎教：给胎宝宝更多的赞美

带有正面感情色彩的语言会令胎宝宝产生愉快的情绪，给他带来安慰，使他情绪良好，而乐观积极的感情有助于宝宝长大后成功地适应社会。因此，孕妈妈和准爸爸要给胎宝宝更多的赞美，尽量多使用带有赞许、亲昵感情色彩的句子，如"我家宝宝真棒啊""今天宝宝真乖呢"等。

在与胎宝宝说话前，孕妈妈要调整好自己的情绪，态度自然地与胎宝宝说话。如果孕妈妈心情不好，却佯装愉快，胎宝宝会从中感到某种不自然而心绪不安。

美学胎教：诗歌《你是人间四月天》

《你是人间四月天》是林徽因最为著名的诗篇，其温润柔美的风格，充分反映了女性细腻、深情的特征，字里行间诠释的都是爱与希望，浓烈的情感用排比的手法一波波袭来，伴以音乐般的明快节奏，使诗歌不仅美而且易于吟咏，朗朗上口。孕妈妈将这首诗与胎宝宝共享吧。

我说你是人间的四月天；

笑响点亮了四面风；

轻灵在春的光艳中交舞着变。

你是四月早天里的云烟，

黄昏吹着风的软，

星子在无意中闪，

细雨点洒在花前。

那轻，那娉婷，你是，

鲜妍百花的冠冕你戴着，

你是天真，庄严，

你是夜夜的月圆。

雪化后那片鹅黄，你像；

新鲜初放芽的绿，你是；

柔嫩喜悦，

水光浮动着你梦中期待的白莲。

你是一树一树的花开，

是燕在梁间呢喃，

——你是爱，是暖，是希望，

你是人间的四月天！

准爸爸学堂

宝宝，今天爸爸陪妈妈出去散步，看到花坛里的花有的已经谢了，落在了地上。宝宝知道为什么花开了之后还会凋落吗？

这是因为植物的各个组织都有自己的使命，根是来吸收水分的，叶子是用来进行光合作用的，花是传播花粉和孕育种子的。花儿开得五颜六色的，把蝴蝶啊、蜜蜂啊都吸引来了，帮助自己授粉，花粉完成受精，种子孕育了，花的使命就完成了，就会自然凋谢了，这是自然规律。"落红不是无情物，化作春泥更护花"，花朵凋零之后化作肥料，会让植物长得更茁壮。不久之后，就会结出种子了。

营养胎教：维生素补充过犹不及

维生素是维持人体正常功能不可缺少的营养素，对孕妈妈和胎宝宝尤为重要。孕期的营养关键在"全"和"够"，即孕妈妈摄入的各种营养素种类要齐全，数量要能满足自身和胎宝宝发育的需要。孕妈妈对维生素的需要量是要有所增加，但只要膳食正常，一般是够用的。而在整个孕期连续大剂量服用维生素不但没有必要，反而有害。

国外已有研究表明，过多服用鱼肝油，会导致胎宝宝畸形，并且过量服用维生素 A 可使孕妈妈食欲降低，过多服用维生素 D 会引起肾损伤，胎宝宝骨骼发育异常；过多服用维生素 E 会干扰凝血机制；过多服用维生素 C 会诱发尿路结石及突然停用产生维生素 C 缺乏症等。因此，孕妈妈不可盲目服用维生素药剂，如病情需要，应遵医嘱服用，以免影响自身和胎宝宝的健康。

4.孕7周食谱推荐

甜椒牛肉丝

【材料】牛肉、甜椒各200克，鸡蛋清1份，姜适量。

【调料】食用油、酱油、甜面酱、盐、鸡精、淀粉、料酒、水淀粉、鲜汤各适量。

【营养解析】此菜含有丰富的优质蛋白质和人体必需的氨基酸、维生素，同时具有补益脾胃、增强免疫力的功效。

【做法】

①将牛肉洗净切丝，加入盐、蛋清、料酒、淀粉搅拌均匀；甜椒和姜均切成细丝。

②锅内放少许油，将甜椒丝倒入，炒至半熟，然后盛出备用；牛肉丝滑油至八成熟捞起备用。

③锅内放少许油，加入甜面酱、牛肉丝、甜椒丝、姜丝炒出香味，加入酱油、鸡精、盐和少许鲜汤，用水淀粉勾芡，翻炒均匀即成。

五彩蔬菜沙拉

【材料】黄瓜、生菜、豌豆、红椒、黄椒、莲藕、紫甘蓝、黑木耳各50克。

【调料】沙拉酱3大匙。

【营养解析】此菜富含叶酸，是补充叶酸的极好食物。另外，这道菜中的蔬菜丰富，也有利于补充维生素。

【做法】

①黄瓜、紫甘蓝、红椒、黄椒洗净，切丁；豌豆、黑木耳焯熟。

②莲藕洗净，切片，焯熟后摆放盘边。

③生菜洗净后铺盘底，黄瓜丁、豌豆、红椒丁、黄椒丁、紫甘蓝丁、黑木耳分别码盘，挤上沙拉酱拌匀或吃时拌匀即可。

四、孕8周 葡萄一样的胎宝宝

宝宝，和妈妈一起去上班吧。楼下门卫大爷和我们打招呼呢，宝宝听见了吗？公交上一位美丽的阿姨给妈妈让座位，宝宝要说谢谢哦。同事姐姐给妈妈一块家乡特产的糕点，好好吃啊，宝宝你觉得呢？老板开动员大会让大家再创佳绩，宝宝要和妈妈一起加油啊！……和妈妈一起上班好玩吗？是不是觉得妈妈很能干呀？妈妈会给宝宝做一个好榜样，做一个勤劳的好妈妈！

1.胎宝宝的样子

胎宝宝的心脏和大脑已经发育得非常复杂，眼睑开始出现褶痕，鼻子的雏形开始出现，胳膊在肘部变得弯曲，而且心脏的上方也有少量的弯曲。可爱的胎宝宝就开始在羊水中进行类似游泳般的运动了。

▶ 可爱的胎宝宝开始在羊水中进行类似游泳般的运动。

2.孕妈妈的神奇变化

孕妈妈的子宫增大，但腹部外观仍无明显改变。体重比孕前增加约1.5~2.5千克。但也有早孕反应大的孕妈妈体重反而减轻了，只要体重减少不是很明显，就不用太过担心。

斯瑟蒂克提醒：准爸妈必读

📺 不要长时间看电视

长时间看电视会引起头昏脑涨、疲乏无力、精神紧张，孕妈妈应避免长时间看电视，并且避免看刺激性强的节目，看电视时应在离电视屏2米以外，看完电视用清水洗脸洗手，消除阴极线、放射线对人体的影响。

📺 忌食冷饮、辛辣食品

怀孕期女性的肠胃对冷热、辛辣的刺激十分敏感，腹中的胎儿也很敏感。因此，孕妈妈不要贪吃冷饮和辛辣食品，以免影响自身健康和引起胎儿不安，甚至流产、早产。

3.胎教时光：听听自然之乐

我们从自然而来，都是大自然的孩子，自然的声音是我们内心深处最熟悉的天籁之音。因此，孕妈妈可以到安静祥和的树林，或者平静清澈的湖边，让胎宝宝听听大自然所传出的乐声，共同享受这些最为自然的乐曲。

音乐胎教：去聆听大自然

天气晴朗的日子，孕妈妈可以到公园、郊外走走，听听小鸟唱歌，昆虫合鸣，流水淙淙……让胎宝宝和你一起在音乐的自然景色中徜徉。这些最自然的天籁之音，会让胎宝宝感到新奇有趣，孕妈妈也会感到宁静而满足。

另外，孕妈妈也可以听一些关于大自然的曲子，比如《杜鹃圆舞曲》《春野》《田园》等，这些音乐曲式都比较清新欢快，听一听顿时就充满了活力与喜悦，还可以让胎宝宝感受到大自然的美好气息，对这个世界充满好奇。

意念胎教：想象胎宝宝的样子

胎宝宝还只是一个"小芽儿"。没有关系，你也可以想象一下他的模样。

想象一下，他会长得像谁？他的性格是什么样的？你希望他将来成为一个什么样的人？当那些想象中的画面一一出现时，你身上的每一个细胞都会变得兴奋而充满活力。

有些科学家认为，在母亲怀孕时如果经常想象孩子的形象，在某种程度上会与将要出生的胎儿比较相似。因为母亲与胎儿在心理与生理上是相通的，孕妇的想象和意念是构成胎教的重要因素。母亲在构想胎儿形象时，会使情绪达到最佳状态，使体内具有美容作用的激素增多，使胎儿面部器官的结构组合及皮肤的发育良好，从而塑造出自己理想的胎儿。

情绪胎教：看看搞笑片子

孕妈妈应保持愉悦、欢畅的心情，将幸福的感觉传递给胎宝宝。因此，可以看看搞笑的电影，比如轻松愉快的喜剧、动画片等，经常欢笑可以加快血液循环，有强心健脑、促进呼吸、改善消化、降压健身等功能。孕妈妈情绪稳定祥和，胎宝宝才有安全感，能安心倾听，学到更多的东西。

长长的孕期中，孕妈妈并不能完全避免受到不良情绪的影响，如果能学会保持幽默的心态，就更容易感到快乐。让生活中多一点趣味和轻松，多一点笑容和乐观，就没有克服不了的困难，不会愁眉苦脸、忧心忡忡了。

准爸爸学堂

准爸爸是孕妈妈接触最多也是最亲密的人，准爸爸的一举一动，乃至情感、态度，会直接影响到孕妈妈和胎宝宝。因此，准爸爸要创造良好的环境，调节孕妈妈的情绪，做好妻子的"生活管家"。陪妻子养成良好健康的生活习惯，不吸烟，不熬夜，不做剧烈运动，不要经常去公共场所，保持情绪愉快，加强营养，但要注意饮食禁忌，孕妈妈不宜多吃的食物尽量不要吃……从方方面面保证孕妈妈的安全和舒适。

营养胎教：多摄入有助于保持好心情的食物

不好的情绪和心理对孕妈妈和胎宝宝都会产生不良的影响，所以，孕妈妈要学会自我调节与放松。下列食物就可以帮助孕妈妈赶走坏情绪：

豆类食物： 大豆中富含人脑所需的优质蛋白和8种必需氨基酸，这些物质都有助于增强脑血管的机能。身体运行畅通了，孕妈妈的心情自然就舒畅了。

菠菜： 菠菜除含有大量铁元素外，更有人体所需的叶酸。人体若缺乏叶酸会导致精神疾病，包括抑郁症和老年痴呆症等。

香蕉： 香蕉可向大脑提供重要的物质酪氨酸，使人精力充沛、注意力集中，并能提高人的创造能力。此外，香蕉中含有使神经"坚强"的色氨酸，还能形成一种叫作"满足激素"的血清素，它能使人开朗，感受到幸福，预防抑郁情绪的产生。

4.孕8周食谱推荐

清炒菜花

【材料】菜花400克，葱段10克，姜末适量。

【调料】海鲜酱油1大匙，蚝油、料酒各2匙，植物油、香油、白糖、盐、淀粉各适量。

【营养解析】清炒菜花可为孕妈妈补充各种维生素，具有化滞消积、开胃消食的功效，可以缓解早孕反应带来的各种不适，提高孕妈妈的免疫力。

【做法】

①将菜花洗净，掰成小朵，下入凉水锅中，加入1小匙盐，大火烧开，中火煮熟后捞出，沥干水。

②将海鲜酱油、盐、蚝油、白糖、料酒、淀粉放入碗中，兑成芡汁。

③锅内加入植物油烧热，放入菜花炒软，放入葱段、姜末，倒入芡汁，翻炒均匀，淋入香油即可。

莲子芋肉粥

【材料】糯米100克，莲子肉、山芋肉各60克。

【调料】白糖适量。

【营养解析】此粥有补肾安胎的作用。适用于妊娠早期孕妈妈食用，可预防先兆流产，能增加营养。

【做法】

①将莲子肉、山芋肉用水泡软，冲洗干净；糯米淘洗干净。

②将莲子肉、山芋肉、糯米一起放入锅中煮成粥，粥熟加入白糖，稍煮即可。

CHAPTER ③

THE THIRD
MONTH OF
PREGNANCY

第三章
孕3月（9～12周）：
妈妈的抚摸胎教

父母在胎教时，决不能忘记对孩子的爱和对他幸福的祝福。如果以生"天才儿童"为目的而进行胎教的话，就会使腹中的胎儿感到是被迫的，并由此不愿倾听父母对他所讲的一切，做母亲和父亲的千万不要失去你的真心。

——实子·斯瑟蒂克

一、孕9周 🐣 已经是胎儿

宝贝，这个乳名你喜欢吗？以后这就是你的小名了，妈妈叫你的时候，你要给个反应啊。关于你的大名，爸爸妈妈还在讨论当中，这可是一件大事。要起一个独一无二的好名字，爸爸妈妈，还有爷爷奶奶、外公外婆都操碎了心。宝宝你放心，我们最后一定会给你选一个最响亮、最好听的名字的！

1.胎宝宝的样子

胎宝宝的五官逐渐形成，头部占身体的1/4。同时，上肢和下肢的末端出现了手和脚，手指和脚趾是连在一起的，好像鸭掌。他不断地动来动去，不停地变换着姿势。他的胳膊已经长出，在腕部两手呈弯曲状，并在胸前相交。腿在变长，而且脚已长到能在身体前部交叉的程度了。

▶ 胎宝宝的五官逐渐形成，头部占身体的1/4。

2.孕妈妈的神奇变化

你现在的子宫已增大了2倍，大概有网球那么大。随着子宫逐渐增大，孕妈妈会感觉到整个身体都在发生变化。虽然你的体重没有增加太多，但是乳房胀大了不少，乳头和乳晕色素加深。你可能常感到腿部紧绷发疼，腰部酸痛。你的头发和皮肤也在发生着细微的变化。你可能感觉头发很厚、有光泽，或油腻、薄、柔软，记住一定不要吹风、烫发或染发。恶心、呕吐的不适感让你很难高兴起来，有时你会感觉自己很孤独，其实大多数的孕妈妈都会体验这种状态。

斯瑟蒂克提醒：准爸妈必读

保证营养充足，饮食多样化

胎儿发育需要大量的营养，同时，母体的新陈代谢、消化能力加大，也需要营养。因此，孕妈妈饮食应多样化，全面吸收营养。

注意生活细节，预防流产

这段时期也非常容易流产，孕妈妈在生活细节上一定要多加小心。每天保持情绪愉快，不要常去公共场所，可以坚持轻松、不费力的运动，如柔软体操和散步，避免剧烈运动，最好不要行房事，不熬夜，作息规律，每天淋浴，如果下腹疼痛或者出血，立即去医院求诊。

不要喝碳酸饮料

可乐等饮料中含有咖啡因，能迅速通过胎盘作用于胎儿，造成先天性疾病。因此，孕妈妈一定要避免喝碳酸饮料。

3.胎教时光：帮宝宝做"体操"

每个宝宝都喜欢父母的爱抚和夸奖，胎宝宝也不例外。这个时期，孕妈妈可以用爱抚法来抚摸胎儿，帮胎宝宝做做"体操"，和他进行沟通，交流感情。这样做不但能促进胎宝宝动作能力的发展，还会让他长大后反应更机敏！

✍ 运动胎教：爱抚宝宝

胎宝宝不光喜欢妈妈的声音，还喜欢妈妈的爱抚。孕妈妈可以隔着肚皮经常抚摸胎宝宝，帮助胎宝宝做运动。在抚摸的时候，心中要充满感情，注意动作要轻柔。同时，还要和胎儿进行对话，比如深情默念"宝宝以后要长成一个聪明健康的小宝贝啊""妈妈好爱你啊，宝宝"之类的话。

✍ 音乐胎教：儿歌《两只老虎》

这是一首经典的儿童歌曲，曲调简洁优美，朗朗上口，可以感受到幽默诙谐的音乐情绪。孕妈妈可以模仿老虎笨笨的样子，唱给胎宝宝听。

两只老虎，两只老虎，

跑得快，跑得快，

一只没有耳朵，

一只没有尾巴，

真奇怪！真奇怪！

✍ 知识胎教：孕妈妈可以适当地读书学习

妈妈勤动脑，宝宝更聪明。母体与胎儿之间有着天然密切的信息交流，胎宝宝虽然小，却能感知母亲的思想。因此，怀孕期间孕妈妈的思想活动对胎儿大脑发育的影响至关重要。如果孕妈妈能保持旺盛的求知欲，适量地读书学习，勤于动脑，那么，胎儿也能从母体中获取积极的信息，从而促进大脑成长发育，有助于他形成进取向上的精神。

注意，读书学习要在保护眼睛和保证休息的前提下进行哦。

🏅 准爸爸学堂

上回给宝宝讲了"花儿为什么这么香""花儿为什么会凋谢"，准爸爸可以继续给胎宝宝讲一些自然现象，比如夏天为什么会下雨？冬天为什么会下雪？讲之前可以加上一些铺垫，比如："宝宝，今天下雨了，妈妈没能带你出去。你知道什么是雨？为什么会下雨吗？爸爸来告诉你吧。"或者"宝宝，一年有四个季节，春、夏、秋、冬，夏天经常下雨，冬天会下雪，你知道为什么吗？"之类。

下雨和下雪都是自然现象，是空中的水汽遇冷凝结后又重新落到地面上的过程。在地球上，水是不断循环运动的，海洋和地面上的水受热蒸发到天空中，这些水汽又随着风运动到别的地方，当它们遇到冷空气，形成降水又重新回到地球表面。这种降水分为两种：一种是液态降水，这就是下雨；另一种是固态降水，这就是下雪或下冰雹等。

夏天为什么会下雨？

地球上的水受到太阳光的照射后，就变成水蒸气被蒸发到空气中去了。水蒸气在高空遇到冷空气便凝聚成小水滴，这些小水滴在空中聚成了云。它们在云里互相碰撞，合并成大水滴，当它大到空气托不住的时候，就从云中落了下来，形成了雨。

冬天为什么会下雪？

雪花生长在一种既有冰晶又有过冷水滴的云体里，这种云称为冰水混合云。在这种云体内，水汽凝华形成雪花，雪花飘落的过程中，和其他雪花黏附在一起，慢慢长大，成为像棉花又似鹅毛的雪团。当空气中的气流托不住这些雪花时，它们便从云层中飘落下来，如果这时低层空气的温度在0℃以下，雪花降落到地面，就是人们所见到的皑皑白雪。

营养胎教：多摄入有利于胎宝宝大脑发育的食物

本月是胎宝宝大脑发育的关键时期，因此，孕妈妈要有意识地摄入有利于胎宝宝大脑发育的食物。

脂质：对大脑来说，脂质是第一重要成分，占脑细胞的60%，它是构成大脑细胞的建筑材料。这里的脂质是指结构脂肪，即多不饱和脂肪酸，多不饱和脂肪酸（PUFA）可分为 ω–3 和 ω–6 多不饱和脂肪酸。其中 ω–3 同维生素、矿物质一样是人体的必需品，不足容易导致心脏和大脑等重要器官障碍。

ω–3 不饱和脂肪酸中对人体最重要的两种不饱和脂肪酸是 EPA 和 DHA。EPA 是二十碳五烯酸的英文缩写，具有清理血管中的垃圾（胆固醇和甘油三酯）的功能，俗称"血管清道夫"。DHA 是二十二碳六烯酸的英文缩写，具有软化血管、健脑益智、改善视力的功效，俗称"脑黄金"。

蛋白质：蛋白质虽不是大脑的主要建筑材料，仅占脑细胞的35%，但它是大脑兴奋和抑制作用的机构单位，必须有它，大脑才能充分发挥记忆、思考等能力。

葡萄糖：葡萄糖是提供脑细胞活力的能源。

维生素、钙、磷：维生素和钙、磷等在大脑中所占的比例虽然不高，却是脑部发育的必需物质。这些营养素大部分是母体自身不能制造的，必须靠膳食供给（表3-1）。

表3-1 有助胎儿脑发育的最佳食物表

类别	名称
粮谷类	小米、玉米等
干果类	核桃、芝麻、花生、松子仁、南瓜子、栗子、杏仁等
蔬菜类	黄花菜、香菇等
水产类	深海鱼、海螺、牡蛎、虾、鱼子、虾子、海带、紫菜等
禽类	鸭、鹌鹑、鸡等

4.孕9周食谱推荐

鱼香肉丝

【材料】猪肉丝100克，冬笋丝30克，黑木耳丝20克，姜末、葱末、蒜末各15克，红椒、青椒丝各10克。

【调料】豆瓣酱30克，酱油20克，料酒、醋、白糖、水淀粉各10克，盐、鸡精各3克，食用油适量。

【营养解析】鱼香肉丝咸甜酸辣兼备，姜葱蒜香气浓郁，非常开胃，适合孕早期胃口不好的孕妈妈食用。

【做法】

①将所有调料（豆瓣酱除外）兑成调味汁，豆瓣酱剁细；将猪肉丝用少量盐、鸡精、料酒、水淀粉腌好备用。

②热油锅中倒入肉丝，煸炒断生。

③放豆瓣酱、姜末、葱末、蒜末、冬笋丝、木耳丝、红椒丝、青椒丝继续煸炒出香味，加调味汁，烧开后炒匀即可。

大蒜海参粥

【材料】大蒜30克，海参50克，大米100克，水1000毫升。

【营养解析】此粥每日当早餐食用，可补气血、填精髓、降血压，适用于孕早期免疫力差、经常感冒或患有原发性高血压、水肿等症的孕妈妈。

【做法】

①大蒜去皮，对切两半；海参涨发后洗净、切片；大米洗净。

②大米放入锅内，加水，大火煮沸后加入海参片、大蒜，再用小火煮45分钟即可。

二、孕10周 看上去已经像个小人儿了

宝宝好。妈妈好。每天早上问一声，妈妈宝宝乐滋滋。

宝宝好。爸爸好。每天晚上问一声，呼噜呼噜就睡着。

1.胎宝宝的样子

胎宝宝已经很像个小人儿了，他的身长大约有4厘米，体重达到5克左右。

胎宝宝正在悄悄地迅速地长大。现在他基本的细胞结构已经形成，身体所有的部分都已经粗具规模，包括胳膊、腿、眼睛、生殖器以及其他器官，但是这些器官还处于发育阶段。

▶ 胎宝宝已经很像个小人儿了。

2.孕妈妈的神奇变化

在你怀孕前，你的子宫大概和一个鸡蛋一样大，到这周的时候，它已经长到一个大橙子那么大了。胎盘已经成熟，它是支持胎儿生长发育的营养大本营。你的肚子越来越大，身体开始变形。体重快速增加，腰更粗了，胸更大了。乳头上可能会长出白色的小微粒，这些微粒内含有白色的润滑剂，提早为母乳喂养做好准备。

受孕激素的影响，你的神经特别敏感，常感觉烦躁、生气、伤心和易怒，有时这些变化集中在1分钟内，特别容易因一点小事而大动肝火。不要有负罪感，每一个孕期的女性都会有和你相同的感受。但要尝试调适好自己的心情，怀孕是一次学会调适自己情绪的训练过程，要尽力做好。

斯瑟蒂克提醒：准爸妈必读

🔲 适当补充钙和磷

孕期钙的摄取与乳牙的发育及钙化关系密切，孕妈妈每天需要补钙 1.5 克，食物中钙最丰富的来源是奶和奶制品；磷也是建造骨骼和牙齿的重要矿物质，广泛存在于动植物食品中，鱼脑中含有丰富的脑磷脂和卵磷脂，是补脑佳品，孕妈妈不妨吃一些。

🔲 养成细嚼慢咽的好习惯

受怀孕的影响，孕妈妈的消化功能减退，吃饭时应尽可能地细嚼慢咽，使唾液和食物充分混合，刺激消化器官，促使其吸收更多的营养素；另外，此时进行咀嚼练习，还能提高胎宝宝的牙齿质量。

🔲 温热补品勿多服

女性妊娠期间，脏腑经络之血全部注于冲任以养胎，全身处于一种阴血偏虚、阳气相对偏盛的状态，因此，很容易出现"胎火"。如果再经常服用温热性的补药、补品，如桂圆、人参、鹿茸、阿胶等，势必导致阴虚阳亢，使孕吐、水肿、高血压、便秘等加重，甚至流产或者死胎。所以，孕妈妈千万不要长期或者随便服用温热性补品。

3.胎教时光：睡觉前进行抚摸最好

抚摸胎教能激发胎宝宝活动的积极性，增强体质，因此，要形成规律，每天进行，不要想起来才做一次。每天抚摸1~2次，睡前进行抚摸最好。

运动胎教：抚摸胎教应有规律性

抚摸胎教的时间一般以早晨和晚上为宜，每次时间不要太久，5~10分钟即可。

首先，孕妈妈在床上仰卧，头部不要垫太高，全身放松，呼吸均匀，心平气和，面部呈微笑状；也可以将上半身垫高，采取半仰卧姿势。不管哪种姿势，以感到舒适为准。在腹部松弛的情况下，双手轻轻放在胎儿位上，然后从上到下，从左往右，轻柔、缓慢地抚摸胎儿，想象你的双手正抚摸着可爱的小宝宝，心中充满了喜悦，同时，用幸福的语调和胎宝宝讲话，交流感情。

情绪胎教：发自内心的微笑

孕妈妈发自内心的微笑，能够改善心情，给宝宝最好的安慰，也是胎宝宝不可缺少的胎教内容。因此，孕妈妈每天清晨面对镜子，先给自己一个发自内心的、充满爱和快乐的微笑，同时，想象胎宝宝正在欢喜地接受你的笑容，也在对着你微笑。

微笑的同时，孕妈妈可以和胎宝宝对话，告诉他你对他的爱，也可以讲讲生活趣事，或者给他最美好的祝愿：愿未来的人生里，他能永远微笑着面对人生的风风雨雨……

准爸爸学堂

说给孕妈妈的"情话"：告诉她是最美的。怀孕期间，雌激素和黄体素分泌增加，导致肌肤干燥、暗黄，大肚子导致身材走样，孕激素使人神经敏感，孕妈妈会感觉烦躁、生气、伤心和易怒。准爸爸要时时安抚妻子，告诉她，怀孕的女人最美丽，大肚婆也一样迷人，甚至比以前更有魅力！和她相爱是最快乐的事，不管有没有宝宝，这点都不会改变。

准备好漂亮的孕妇装，把妻子打造成一个出色的、具有特殊"孕"味的美妈。女人的心情会随着装扮而改变，打扮得漂亮，自然会拥有好心情，腹中的胎宝宝也会高兴。

要经常陪妻子聊天散步，时刻准备好肩膀给她依靠。如果她觉得郁闷，就耐心开解，共同分担解决所有的事情。经常鼓励她，告诉她，她一定会是个好妈妈，你也一定会是个好爸爸，你们会共同抚育属于你们两人的爱情结晶。

营养胎教：多食用富含纤维素的食物，赶走便秘和腹泻

孕妈妈小冉这些天可烦恼了，因为妊娠反应吃不下东西，又深受便秘的困扰。

症状及原因

孕早期，很多孕妈妈会出现便秘的状况。主要原因有如下几点：

❶ 由于妊娠反应较重，呕吐造成脱水，又因食欲缺乏，使人体没有补充充足的水分。

❷ 孕激素的大量分泌引起胃功能下降，蠕动减慢。

❸ 大量进食高蛋白、高热量的食物，蔬菜摄入量少，缺乏膳食纤维。

❹ 担心流产，过度养胎，缺乏必要的运动。

一般情况下，3天不排便就算是便秘，而有些孕妈妈即使只有一天不排便，也会觉得很痛苦，这也是便秘。总之，如果和孕前相比，排便情况变化明显且比较痛苦就算是便秘。在便秘的情况下，腹内积累的毒素不利于机体代谢，会影响身体健康，所以，孕妈妈超过5天不排便就应该到医院就诊。

饮食调理

◎每天注意多饮水并掌握饮水技巧。可以在每天早晨空腹时，大口大口地饮用温开水，使水来不及在肠道吸收便到达结肠，促进排便。

◎吃水分多的食物，如苹果、葡萄、桃子、梨、冬瓜、牛奶等。

◎吃含膳食纤维多的食物，如芹菜、红薯、豆类、玉米、韭菜、紫菜等。

◎吃有助胃肠蠕动以及含脂肪酸的食物，如蜂蜜、香蕉、核桃、松子仁、芝麻等，能促进肠道润滑，帮助排便。

◎可将核桃、酸奶、烤紫菜、青梅干作为零食，不但富含营养，还可改善便秘。

食疗方推荐

　　牛奶香蕉木瓜汁：将木瓜、香蕉、牛奶放在一起榨成汁，每天晚上睡觉前喝一杯。如果便秘比较严重，可以把剩下的水果纤维也一起吃下，坚持 3 天就会有很好的效果。要注意的是，少量食用香蕉可促进排便，但过量食用反而会引起便秘。

　　无花果粥：无花果 30 克，大米 100 克。先将大米加水煮沸，再放入无花果煮成粥。服用时可加适量蜂蜜或白糖，也可根据个人口味，将无花果换成核桃、芝麻等。

生活调理

　　每天坚持做适量的运动，保证每周至少有 2~3 次健身活动。适量的运动可以增强孕妈妈的腹肌收缩力，促进肠道蠕动，预防或减轻便秘。避免久站、久坐，工作时每隔 2 小时起来活动一下身体。

　　一般在进食后最容易出现便意，一旦出现便意，应及时如厕排便，切不可形成忍便的习惯，这样非常容易导致便秘发生。排便时，要保持放松的心态，即使未排出也不要紧张，否则会加重便秘的症状。排便时，不要看书、看报，避免因精神压力加重便秘。

慎用中药

　　有些孕妈妈认为，使用中药通便副作用小。实际上，常用的通便中药，如大黄、火麻仁、番泻叶及麻仁丸、麻仁润肠丸等，都有可能引起流产或早产，孕妈妈一定要慎用，特别是有习惯性流产史的孕妈妈更是要禁用。

　　另外，在整个妊娠过程中，孕妈妈消化功能下降，抵抗力减弱，易发生腹泻。在孕早期，腹泻不仅会导致孕妈妈损失营养素，还会因肠蠕动亢进而刺激子宫，甚至可能引发流产。因此，孕妈妈在孕早期饮食要特别讲究卫生，食物一定要干净、新鲜，以防发生腹泻。

4.孕10周食谱推荐

甘蓝沙拉

【材料】紫甘蓝200克，生菜、玉米粒各50克，小番茄适量。

【调料】沙拉酱30克，盐、胡椒粉各适量。

【营养解析】此道沙拉富含多种维生素，口味清淡，适合孕早期妊娠反应较严重的孕妈妈食用。

【做法】

①紫甘蓝、生菜分别洗净，切成细丝；小番茄洗净，对切。

②将做法①的材料加沙拉酱、玉米粒拌匀，撒少许胡椒粉、盐即可。

糖醋白菜

【材料】大白菜200克，胡萝卜50克。

【调料】白糖、醋各10克，酱油5克，盐、淀粉各3克，食用油适量。

【营养解析】此菜酸甜可口，能醒脾开胃、增进食欲，适合孕早期食欲不佳的孕妈妈食用。

【做法】

①将大白菜洗好，切成斜片；胡萝卜洗净，也切成斜片；将白糖、醋、酱油、盐、淀粉混合在一起搅成糖醋汁。

②锅置火上，放油烧热，放入白菜片煸炒，再放胡萝卜片，炒熟后，将糖醋汁倒入调匀即可。

三、孕11周 草莓那么大了

亲爱的宝贝，妈妈常常在想，你出生以后是什么样子呢？长得像爸爸还是像妈妈？性格是活泼的还是文静的？这真是一个有意思的问题，妈妈一个人能想好久呢。妈妈希望你的鼻子像爸爸，眼睛、嘴巴、头发像妈妈，认真负责的态度像爸爸，乐观爱笑像妈妈……宝宝同意吗？其实不管将来像谁，爸爸妈妈都会很爱很爱你的！

1.胎宝宝的样子

胎宝宝身长达到 4.5~6.3 厘米，体重达到 10 克。生长速度加快了，已经在子宫内开始做吸吮、吞咽和踢腿的动作，维持生命的器官也已经发育成熟。

▶ 胎宝宝在子宫内做吸吮、吞咽和踢腿的动作。

2.孕妈妈的神奇变化

你的子宫现在看起来像个柚子，子宫随胎儿生长逐渐增大，宫底可在耻骨联合之上触及，胎儿已经充满了整个子宫。体内的血液在增加。正常孕妈妈体内有 5 升血，到分娩时将增加 1 升——血量几乎增加了 20%。当你制造更多血液时，血压将恢复正常，头晕目眩、疲劳和头脑混乱的症状会有所减轻。

从这周开始，你可能会渐渐地发现在腹部有一条深色的竖线，这是妊娠纹，也许面部也会出现褐色的斑块，不必太担心，这些都是怀孕的特征，随着分娩的结束，斑块会逐渐变淡或消失。同时，在本周准妈妈的乳房会更加膨胀，乳头和乳晕的色素加深，同时，阴道有乳白色的分泌物出现。

☀️ **斯瑟蒂克提醒：**准爸妈必读

🔲 补充维生素和锌

　　缺乏维生素，其他营养素也没法发挥功效；如果缺锌，胎宝宝的生长会非常缓慢。因此，孕妈妈要合理补充维生素和锌，主要是维生素 A 和维生素 C，吃些鸡蛋、牛乳、水果、蔬菜等；含锌量高的食物有猪肉、牛肉、羊肉、鱼类、蛋类、肝脏等，花生、小麦、核桃仁，豆类含锌量也较丰富。

🔲 着装以宽松保暖为主

　　因为怀孕，孕妈妈的胸围、腰围和臀围会发生较大改变，如果还穿紧身的衣服，会对呼吸及血液循环造成影响，甚至限制胎儿的活动。因此，要选择宽松舒适的衣服；另外，冬季要注意保暖，应穿厚实、宽松的衣服。

🔲 远离樟脑丸

　　樟脑丸挥发的气体会通过胎盘屏障进入到羊膜腔内，进而作用到胎宝宝，严重的时候可能引起流产，导致胎宝宝死亡。因此，从妊娠前开始，要把家中的樟脑丸清除掉，孕妈妈更要少接触这些东西。

3.胎教时光：在抚摸的基础上做触压锻炼

孕妈妈在抚摸胎宝宝的基础上，还可以给胎宝宝做触压锻炼。触压可以尽早开启胎宝宝的触觉，也可以为日后的运动胎教打下基础。但要注意，有先兆流产或先兆早产的孕妈妈不宜进行触压锻炼，早期腹痛者也禁止用此方法。

运动胎教：在胎宝宝的位置轻柔缓慢地抚摸、触压

由于黑暗的宫内环境限制了视觉的发展，胎宝宝的触觉和听觉更为发达，基于这个功能，抚摸胎教的实施才有了更好的基础。孕妈妈可以在腹部松弛的情况下，来回抚摸、触压胎宝宝，注意动作要轻柔，以免用力过度引起意外。触压、抚摸胎宝宝时，孕妈妈要随时注意胎宝宝的反应，可以一边抚摸一边呼唤胎宝宝的名字，还可以跟胎宝宝说话。

情绪胎教：装扮自己，做靓丽孕妈

爱美之心，人皆有之，女人的爱美之心更甚。怀孕期间，孕妈妈也可以打扮得美美的，打造一个自信的、出色的、靓丽的自己，这样心情自然就会变得愉悦、平和，胎宝宝也会跟着高兴。

孕妈妈可以根据自己的风格，选择天然纤维、莱卡、棉麻混纺等质地的衣服，轻薄透气又舒适；现在市面上有很多孕妈妈服出售，怀孕的女性也可以选择适合自己的服装。总之，无论是上班，还是居家，或者出去聚会，孕妈妈都可以好好装扮一下自己，外表自信，一天都会拥有好心情。

美学胎教：接受美的熏陶，学习美学知识

孕妈妈可以经常到空气清新、风景秀丽的地方，如公园、郊外等，领略大自然的优美风光，把内心的感受描述给胎宝宝听；还可以到艺术馆去欣赏绘画、书法、雕塑等作品，接受艺术熏陶，把美的信息传递给胎宝宝。

此外，孕妈妈还可以学习点美学知识，比如布置家居房间、绿化庭院、设计制

作宝宝的小衣服等，不仅能提高审美能力，改善情绪，而且可以美化内心世界，使胎宝宝置身美好的母体内外环境，受到美的熏陶。

准爸爸学堂：和胎宝宝进行亲切的对话

为了消除宝宝出生后对父亲的陌生感，准爸爸要经常和胎宝宝进行亲切柔和的对话。条件允许的话，应当每天都和胎宝宝讲话，这样才能加深和宝宝的感情。

对话时，孕妈妈坐在宽大舒适的椅子上，准爸爸坐在距离50厘米的位子上，用平静的语调开始说话，不要一下子发出高声惊吓到胎宝宝。可以设计能够使胎宝宝形成自我意识的开场白，如："宝宝，我是你的爸爸，今天……"要讲的内容最好事先构思好，可以是一个小故事，一首儿歌，一个小常识，也可以是身边发生的事情。结束时，要讲结束语，比如"宝宝今天好乖啊，听得真认真。好了，今天就学习到这里吧，宝宝好好休息一下哦。"

注意准爸爸在和胎宝宝讲话时，千万不要吸烟。因为烟雾中的有害物质会通过呼吸进入到妻子体内，还会通过血液输送给胎儿，从而产生不利影响。

◎营养胎教：科学摄取维生素E

维生素E在人体内作用最为广泛，比任何一种营养素都大。维生素E还有一个名称 ——生育酚，能维持生殖器官的正常机能，促进卵泡的成熟，增加孕酮的作用。对于孕妈妈来说，缺乏维生素E有什么危害呢？又该怎样科学地摄取维生素E呢？

缺乏维生素 E 的危害

孕早期缺乏维生素 E，可导致婴儿先天性畸形，如露脑、无脑、脊柱侧突、脐疝、足趾畸形及唇裂等，并可导致出生时低体重。维生素 E 还与胎宝宝眼球晶体的发育有关，孕妈妈缺乏维生素 E 可引起胎宝宝先天性白内障。另外有研究认为，孕妈妈缺乏维生素 E 容易致婴儿贫血。

合理地摄取维生素 E

我国营养学会推荐孕妈妈的维生素 E 供给量为每天 12 毫克。维生素 E 缺乏对母子的健康有很大的危害，同样维生素 E 过量也有危害。由于维生素 E 属于脂溶性维生素，不像水溶性维生素能自动排出体外，长期服用可蓄积在体内引起副作用，如血栓性静脉炎、肺栓塞、下肢水肿、血清胆固醇值升高等，并可能使免疫功能下降，因而，对大剂量维生素 E 的食用应加以限制。

富含维生素 E 的食物

维生素 E 广泛分布于植物组织中，特别良好的来源为麦胚油、玉米油、花生油及芝麻油等。莴笋叶及柑橘皮含 γ – 生育酚也很多，几乎所有绿色植物中都含有此种维生素。此外，猪油、猪肝、牛肉以及杏仁、土豆也含有维生素 E。只要孕妈妈在饮食上做到多样化，维生素 E 就不会缺乏。维生素 E 与适量的维生素 C、硒一起摄入时，其吸收能力会有所提高。但当铁摄入量较高时，维生素 E 的吸收能力会被降低。需要注意的是，维生素 E 不稳定，储存及烹调过程中均会有损失。

4.孕11周食谱推荐

砂仁鲫鱼

【材料】鲫鱼1条，砂仁25克，姜丝、葱末各30克。

【调料】料酒、淀粉各10克，食用油、酱油、盐各适量。

【营养解析】砂仁能温脾止泻、理气安胎，可用于脾胃虚寒、呕吐食少、中虚气滞、胎动不安等症；鲫鱼有增强食欲、健脾胃的功效。这道菜可缓解孕吐的症状，促进食欲，更有安胎的作用。

【做法】

①砂仁洗净，碾碎。

②鲫鱼去鳞及内脏，洗净切花刀，抹干，将盐、料酒、淀粉拌均匀涂在鱼身，然后将砂仁粉撒在鱼身上，隔水蒸约10分钟至熟。

③锅置火上烧热后，放油爆香姜丝及葱末，淋在鱼上，再淋上少许酱油即可。

盐水虾

【材料】鲜虾250克，姜末适量。

【调料】盐5克，食醋适量。

【营养解析】此菜有补肾、健脾、止呕的功效，适用于孕吐、食欲不佳等症。

【做法】

将鲜虾洗净，放入锅内，加水、适量盐煮熟，食时去壳，蘸食醋、姜末即可。

四、孕12周 现在宝宝已经粗具人形

宝宝，不知不觉你在我的肚子里已经3个月了，妈妈现在越来越真实地感觉到你的存在，你是一个独立的生命个体！妈妈常常忍不住抚摸肚皮，一边问你在哪里，一边想象正在抚摸一个真实的你。宝宝喜欢这样跟妈妈玩捉迷藏吗？等你出生了，走路了，会跑了，就和妈妈一起玩真正的捉迷藏吧。

1.胎宝宝的样子

到这个月末，胎宝宝身长大约有 9 厘米，仍不如你的手掌大，但是，他从牙胚到指甲，身体的雏形已经发育完成。手指和脚趾已经完全分离，一部分骨骼开始变得坚硬，并出现关节雏形。胎宝宝越来越淘气，他时而踢踢腿，时而舒展一下小身体。他的大脑体积越来越大，占了整个身体的一半左右。内脏更加发达，小小的肾脏已经形成，并开始制造尿道，准备进行排泄。

▶ 胎宝宝身体的雏形已经发育完成。

2.孕妈妈的神奇变化

准妈妈的子宫随着宝宝的长大而逐渐增大，妊娠12周时，在肚脐和耻骨联合之间可以摸到子宫上缘。由于子宫变得更大了，不再能适应它原来的正常位置了——骨盆，它正在向腹部平和地推进。过去宽松的衣服，现在虽然还可以穿，但是你会明显感觉到腰变粗了，同时，你的臀部正在变得丰满了，这是为子宫的生长腾出更多的空间。现在你的皮肤可能有些变化，脸和脖子上不同程度地出现一些深浅不一的色素沉着，从肚脐到耻骨出现一条垂直黑褐色的妊娠线。如果你白天基本上都是坐着，你会觉得尾骨有些疼痛。

☀ 斯瑟蒂克提醒：准爸妈必读

▣ 饮食清淡，少食咸味

怀孕期间，母体容易水肿，若食物中的盐分及碱类含量过多，会增加肾脏的负担，引发妊娠高血压综合征，威胁母婴的安全。所以，孕妈妈的饮食尽可能清淡一些，每天食盐摄入量应在 5 克以下。

▣ 动物肝脏勿多吃

孕妈妈每天摄入的维生素 A 如果超过 15000IU（国际单位），会增加胎儿致畸的危险性，为了保障胎宝宝的健康和安全，孕妈妈最好不要多吃动物肝脏及其制品，可以多吃一些富含 β- 胡萝卜素的新鲜果蔬。

▣ 注意清洁

女性怀孕后，皮屑增多，汗腺和皮脂腺分泌旺盛，所以需要注意皮肤卫生，勤洗澡，以淋浴为主，避免产前感染。浴水的温度最好和体温接近，太凉或者太热会刺激皮肤，影响周身的血液分布。注意饥饿的时候或者饱后 1 小时内不宜洗澡。

3.胎教时光：小心谨慎，避免幅度较大的运动

孕12周已经是比较安全的时期，不过仍然需要十分小心谨慎，避免容易引起强烈震动或者幅度较大的运动。另外，长久地保持坐姿，运动量过大都有可能导致疼痛，如果发生这些情况，做运动时应立即停止让你不舒适的动作或者姿势。

⚫ 运动胎教：锻炼腹背部肌肉，保持平衡

此时孕妈妈的腹部逐渐隆起，为了减轻胎儿体积继续变大带来的腰部疼痛，应该主要锻炼腹背部肌肉，同时培养保持平衡的能力。

肩部运动：盘腿而坐，身体保持放松，两肩先从后向前、再从前向后进行移动。此方法可以使肩部的关节变得柔软，并能缓解紧张的感觉。

平衡练习：双手抓住椅背或者把双臂张开以保持平衡，抬起脚后跟，然后再轻轻放下。这个练习可以更好地支撑日渐增重的身体，提高孕妈妈掌握身体重心的能力。

⚫ 情绪胎教：营造良好的家庭氛围

在整个妊娠过程中，孕妈妈大多数时间在家中度过，家庭气氛的和谐对胎宝宝的生长发育影响很大。在和睦相处的氛围中，孕妈妈会得到温馨的心理感受，胎宝宝也能获得良好的熏陶，从而促进身心的健康发育。

良好的家庭氛围需要夫妻双方共同营造。一方面，孕妈妈自己要注意调节不良情绪；另一方面，准爸爸要积极热忱地为孕妈妈及胎宝宝做好服务，主动承担家务，常常陪伴妻子，不争执，活跃家庭气氛，增添夫妻情趣，使孕妈妈身心愉快。

⚫ 音乐胎教：儿歌《数鸭子》

这首儿歌亲切生动，饶有情趣，曲调活泼甜美，节奏欢快，易学易唱，是一首耳熟能详的歌曲。孕妈妈在唱的时候，可以想象小鸭子的模样，还可以让准爸爸模仿一下，会让你和胎宝宝更开心。

门前大桥下，

游过一群鸭，

快来快来数一数，

二四六七八。

嘎嘎嘎嘎，

真呀真多呀，

数不清到底多少鸭，

数不清到底多少鸭。

赶鸭老爷爷，

胡子白花花，

唱呀唱着家乡戏，

还会说笑话。

小孩小孩，

快快上学校。

别考个鸭蛋抱回家。

别考个鸭蛋抱回家。

门前大桥下，

游过一群鸭，

快来快来数一数，

二四六七八。

准爸爸学堂：给孕妈妈做个按摩，帮孕妈妈减压

怀孕会令孕妈妈情绪不受控制，心情时好时坏，而且很容易陷入低落。这时，准爸爸就要行动起来，给予安慰，在临睡前（或者每天固定时间）为孕妈妈按摩腰腿，缓解孕期酸痛和水肿，使孕妈妈放松精神，舒适地进入睡眠。

另外，准爸爸要帮助孕妈妈减压，多陪伴孕妈妈，多交流沟通，减少孕妈妈的忧虑和恐惧；体谅孕妈妈，比平时更加耐心和包容，帮助孕妈妈放松心情，缓解情绪。

营养胎教：吃酸有讲究

孕妈妈怀孕后，胎盘分泌的某些物质有抵制胃酸分泌的作用，能使胃酸明显减少，消化酶活性降低，并会影响胃肠的消化吸收功能，从而使孕妈妈产生恶心呕吐、食欲下降、肢软乏力等症状。由于酸味能刺激胃分泌胃液，有利于食物的消化和吸收，所以，多数孕妈妈都爱吃酸味食物。

从营养角度来看，一般怀孕 2~3 个月后，胎儿骨骼开始形成。构成骨骼的主要成分是钙，但是，要使游离钙形成钙盐在骨骼中沉积下来，必须有酸性物质参加。

酸性食物大多富含维生素 C，维生素 C 也是孕妈妈和胎儿所必需的营养物质，是胎儿形成骨骼、牙齿、结缔组织及一切非上皮组织间黏结物所必需的营养素，维生素 C 还可增强母体的抵抗力，促进孕妈妈对铁质的吸收。

然而，孕妈妈食酸应讲究科学。人工腌渍的酸菜、醋制品虽然有一定的酸味，但维生素、蛋白质、矿物质、糖分等多种营养几乎丧失殆尽，而且腌菜中的致癌物质亚硝酸盐含量较高，过多食用显然对母体、胎儿健康无益。所以，喜吃酸食的孕妈妈，最好选择既有酸味又营养丰富的番茄、樱桃、杨梅、石榴、橘子、酸枣、青苹果等新鲜水果，这样既能改善胃肠道的不适症状，也可增进食欲，加强营养，有利于胎儿的生长，一举多得。

4.孕12周食谱推荐

蒜蓉茄子

【材料】紫皮长茄子400克，香菜1根，大蒜6瓣。

【调料】盐2克，酱油3克，白糖3克，香油5克，花椒5克，食用油适量。

【营养解析】茄子富含维生素E、磷、铁、胡萝卜素和氨基酸，可提高机体免疫力。

【做法】

①香菜洗净切末；大蒜剁成蒜蓉。

②茄子洗净切段，放入盐水中浸泡5分钟，捞出，对切两半，放入热油中炸软捞出。

③用油爆香花椒后，捞出花椒，放入蒜蓉炒匀，再放入茄子、酱油、白糖和盐，烧至入味，最后再淋上香油，撒上香菜末即可。

萝卜炖羊肉

【材料】羊肉500克，萝卜300克，姜块、香菜段各适量。

【调料】盐、料酒、胡椒粉各适量。

【营养解析】此菜味道鲜美，可增加食欲，适用于孕早期食欲不佳、消化不良等症。

【做法】

①将羊肉洗净，切小块，放入加了料酒的开水锅中汆烫片刻，捞出沥干；萝卜洗净，切小块。

②将羊肉块、姜块、盐放入锅内，加入适量水，大火烧开后，改用小火煮1小时，再放入萝卜块炖煮熟，最后放入香菜段、撒上胡椒粉，略煮即可。

CHAPTER 4

THE FOURTH
MONTH OF
PREGNANCY

第四章

孕4月（13～16周）：
妈妈的运动胎教

多外出散步，增长见识。外出散步，无论是看到什么，如车辆、商品、行人、植物，都可以将它们变成有趣的话题，细致地描绘给胎儿听。例如，路上遇见邮差，便告诉胎儿邮差穿怎样的制服，邮差可以帮我们派信等。

——实子·斯瑟蒂克

一、孕13周 像一个漂亮娃娃

宝宝，妈妈今天精神特别好，就和爸爸一起去逛母婴店了。本来打算给自己买孕妇装的，但是一看到可爱的宝宝装就挪不开眼睛了。那么小，那么精致，那么可爱，妈妈真是恨不得全买下来给宝宝准备着。等宝宝出生了，妈妈一定把你装扮成最漂亮、最可爱的小 baby，好不好？宝宝快点长大吧。

1.胎宝宝的样子

胎宝宝看上去更像一个漂亮娃娃了，眼睛突出在头的额部，两眼之间的距离在缩小，耳朵也已就位。他的身体在迅速成熟，腹部与母体联结的脐带开始成形，可以进行营养与代谢废物交换。

▶ 胎宝宝看上去更像一个漂亮娃娃了。

2.孕妈妈的神奇变化

本周，你是不是感觉自己又恢复了以前的活力呢？痛苦的孕吐消失了，这是由于胎盘替代了激素的产生。再过两周甚至更短的时间，你就彻底不会再感觉恶心了。你的乳房正迅速地增大，由于腹部和乳房的皮下弹力纤维断裂，在这些部位出现了暗红色的妊娠纹。有些孕妈妈在臀部和腰部也出现了妊娠纹。此时，你的子宫底在脐与耻骨联合之间，下腹部轻微隆起，用手可摸到增大的子宫。现在，你看起来很像个孕妈妈了，腹部开始变大，原来的衣服开始变得不合体了。体形变化大的孕妈妈，现在可以考虑穿孕妈妈装啦，把自己打扮得亮丽一些，做一个漂亮的孕妈妈吧！

☀ 斯瑟蒂克提醒：准爸妈必读

▣ 保证膳食营养丰富

怀孕 4 个月后，胎儿生长发育加快，所需的各种营养量有所增加，应及时增加各种营养丰富食物的摄取，每天的膳食应包括主食 400～500 克，副食鱼、肝、肉类 100～150 克，鸡蛋或鸭蛋 1～2 个，豆类 100～150 克，新鲜蔬菜 400～500 克，新鲜水果 100～150 克，鲜牛奶或者奶粉等 250 克。

▣ 少吃土豆

土豆中含有较高的生物碱，特别是发芽、腐烂的土豆，会使人体中毒。孕妈妈如果长期大量食用含有生物碱高的土豆，会产生致畸后果。因此，最好不要吃或者少吃土豆。

▣ 睡眠采取左侧卧位

胎儿不断生长发育，子宫逐渐增大，如果仰卧睡觉，子宫后压造成血液供应不足，会影响胎儿生长发育；怀孕后的子宫会不同程度地向右旋转，右侧卧位睡觉会使子宫进一步向右旋转，造成胎儿缺氧，严重时引起胎儿窒息。因此，孕妈妈无论在夜晚睡觉还是白天躺卧，都应采取左侧卧位，避免子宫压迫大血管。

3.胎教时光：睡前给胎宝宝做按摩

每天固定时间，最好是睡觉前（晚上9~10点）胎儿活动频繁的时候，孕妈妈可以对胎宝宝进行按摩，每次3~5分钟。此举能够促进全身血液循环，增加胎盘供血，有利于胎宝宝健康发育，还可促进胎宝宝的身体刺激反应。

运动胎教：指按法，刺激胎宝宝身体反应

这时，孕妈妈已经能感觉到胎动了，可以用指按法对胎宝宝进行按摩。指按法的姿势与爱抚法相同：孕妈妈仰卧，全身放松，先用手在腹部来回抚摸，然后用手指轻按腹部的不同部位，并观察胎宝宝有何反应。开始时，动作宜轻，时间宜短，一般胎儿反应不明显，等孕妈妈的手法娴熟，并且和胎宝宝配合默契后，胎宝宝就会有明显反应。如果胎宝宝"拳打脚踢"，说明胎儿不高兴了，应该停止动作。

故事胎教：鞋子的舞会

喜欢听故事是孩子的天性。孕妈妈要用亲切的语言将信息传递给胎宝宝，让他在文化氛围中发育成长。讲故事的时候，孕妈妈取一个感到舒服的姿势，精力集中，吐字清楚，声音和缓，避免高声尖叫，也要防止平淡乏味。

讲故事前可以说几句话铺垫一下。比如：宝宝，妈妈今天给你讲一个故事，叫《鞋子的舞会》。当我们进入梦乡的时候，我们的鞋子可忙活了，开了一场热闹又有爱的舞会呢……

夜，非常安静，房间里只有轻微的呼噜声。床前的大黑皮鞋叹了一口气说："唉，真无聊！"

"是吗？"高跟鞋说，"如果你太无聊，我们就来跳舞吧！"说完，弯下细腰向大黑皮鞋做了一个"请"的姿势。

月光从窗口照进来，红地毯就像是被聚光灯照亮的大舞台。高跟鞋在跳芭蕾，泡沫拖鞋在跳踢踏舞，平跟鞋在扭秧歌，大黑皮鞋在跳迪斯科，旅游鞋迈着太空步，一飘一飘地跳开了霹雳舞……

"啪啪"，一双红绒拖鞋从床角落里钻出来。她身上有一条可怕的大口子——鞋帮和鞋底儿裂开了，她没法儿跳舞，心里很难过。

桌子上针线盒里，一根看热闹的大针说话了："红绒拖鞋，你别伤心，我来帮你缝好！"

他拖着一根结实的长线跳下来，一头扎进鞋底，"哎哟哟！"硬鞋底儿把一头扎进鞋帮里，又一进不去，退不出，疼得大针泪花儿直滚。"锥子哥，他的脑袋尖夹住了，针忍不住高喊。快救命呀！"大

锥子急急跳出针线盒："喔，大针，别害怕，我替你开路。"在锥子哥哥的帮助下，红绒拖鞋张着的大口子一点一点闭上了。"噢，谢谢，谢谢你们！"红绒拖鞋快乐得脸都红了！她优美地弯下腰请大针、锥子一起跳舞。

于是，红地毯上，红绒拖鞋、大针、锥子和各式各样的鞋子们都快乐地跳了起来。

突然，床上的人翻了一个身，喔，天快亮了！大家吓了一跳。他们踮起脚尖飞奔回原来住的地方，大气都不敢出一口。只有红绒拖鞋不肯回到床下的黑角落里。

早晨，女主人起床了，看见曾经买来只穿过一天就裂了、想扔又舍不得扔的红绒拖鞋，吃惊得大叫："咦，我的拖鞋怎么变好啦？"

她突然记起红绒拖鞋是被扔在床角落里的，她又吃惊地大叫："咦，我的红绒拖鞋怎么自己跑出来啦？"

大针、锥子和所有的鞋子都忍不住笑，当然啦，他们得拼命忍着不笑出声音来，要不然女主人听见了，一定会说："天哪！我该不是生活在童话里吧？"

准爸爸学堂：多下棋可以开发宝宝的潜能

下棋被称为"智慧体操"，是一种有益的智力运动，可以培养思维能力和记忆能力。此时，胎宝宝的大脑正在形成，脑部发育非常迅速，准爸爸多陪孕妈妈下棋，可以让孕妈妈多动脑，对胎宝宝的脑部进行刺激，开发潜能。

准爸爸一般比较了解下棋的规则和战术，如果孕妈妈以前不经常下棋，准爸爸可以教孕妈妈，孕妈妈也不用担心下得不好被取笑。

至于下哪种棋，可根据夫妻俩的喜好选择。围棋、象棋、跳棋、五子棋等都是合适的选择。

◎营养胎教：食用坚果好处多

对于胎儿大脑发育来说，需要的第一营养成分就是脂类（不饱和脂肪酸）。据研究，大脑细胞由60％的不饱和脂肪酸和35％的蛋白质构成。

坚果中含有的油脂虽多，却多以不饱和脂肪酸为主。另外，坚果类食物中还含有15％～20％的优质蛋白质和十几种重要的氨基酸，这些氨基酸都是构成脑神经细胞的主要成分。坚果还含有对大脑神经细胞有益的维生素 B_1、维生素 B_2、维生素 B_6、维生素 E 及钙、磷、铁、锌等营养素。因此，无论是对孕妈妈，还是对胎儿，坚果都是补脑益智的佳品。如果怀孕前因为坚果脂肪含量高而对它敬而远之，那么，现在你应该重新认识：脂肪对于胎宝宝脑部的发育是很重要的，而且坚果不会让你饿得那么快。

核桃：补脑、健脑是核桃的首要功效。另外，核桃含有的磷脂具有增强细胞活力的作用，能够增强机体的抵抗力，还可以促进造血和伤口愈合。此外，核桃仁还具有镇咳平喘的作用。经历冬季的孕妈妈可以把核桃作为首选的零食。

花生：花生的蛋白质含量高达30％左右，其营养价值可与鸡蛋、牛奶、瘦肉等媲美，而且易被人体吸收。花生皮还有补血的功效。

瓜子：多吃南瓜子可以防治肾结石病；西瓜子具有利肺、润肠、止血、健胃等功效；葵花子所含的不饱和脂肪酸能起到降低胆固醇的作用。

松子：松子含有丰富的维生素 A、维生素 E，以及人体必需的脂肪酸、油酸、亚油酸和亚麻酸。它具有防癌抗癌、益寿养颜、祛病强身的功效。

榛子：榛子含有不饱和脂肪酸，并富含磷、铁、钾等矿物质，以及维生素 A、维生素 B_1、维生素 B_2、烟酸，经常吃，可以明目健脑。

需要提醒的是，坚果对孕妈妈的身体保养和胎儿发育虽然有诸多好处，但凡事要有度，过犹不及。由于坚果类食物油性大，孕妈妈消化功能在孕期会减弱，如果食用过多的坚果，就会引起消化不良。因此，每天应将摄入量控制在50克左右。还有一个特别需要注意的地方，如果你平时有过敏现象，最好避免食用某些容易引起过敏的食物，例如花生。

4.孕13周食谱推荐

牛肉炒菠菜

【材料】牛里脊肉50克，菠菜200克，葱末、姜末各3克。

【调料】酱油5克，淀粉5克，食用油、盐、料酒各适量。

【营养解析】这道菜中的铁元素含量丰富，有助预防孕期贫血。另外，牛肉还有补脾胃、益气血、强筋骨等作用。

【做法】

①牛里脊肉切成薄片，用酱油、料酒、淀粉腌好备用；菠菜洗净焯烫沥干，切成段。

②锅置火上，放油烧热，放姜末、葱末煸炒，再放入腌好的牛肉片，用大火快炒断生，再放入菠菜段，用大火快炒几下，最后放盐调味即可。

芝麻圆白菜

【材料】圆白菜半棵，黑芝麻一把。

【调料】食用油、盐各适量。

【营养解析】黑芝麻富含钙元素，圆白菜富含叶酸、维生素A和维生素E。这道菜营养丰富且热量低，非常适合孕妈妈孕中晚期食用。

【做法】

①圆白菜洗净，切粗丝；小火将黑芝麻炒出香味。

②起锅热油，放入圆白菜，翻炒至熟透发软，加盐调味，撒上黑芝麻即可。

二、孕14周 开始长出独一无二的指纹印

宝贝，妈妈今天铺开纸张，拿起笔，画了一幅画：圆嘟嘟的小脸，水汪汪的眼睛，红红的小嘴，乌黑倔强的短头发……真是一个可爱的宝宝啊！这就是妈妈心目中你的样子，宝贝，你满意吗？要是满意的话就照着这个方向长吧。妈妈相信,宝宝将来不论是像爸爸还是像妈妈，都会是最漂亮的宝贝的！

1.胎宝宝的样子

胎宝宝还很小，手指开始长出代表个人特征的指纹印，手指和脚趾已完全成形。软骨已形成，骨骼正迅速发育。

▶ 胎宝宝的手指和脚趾完全成形。

2.孕妈妈的神奇变化

孕早期的疲劳、恶心以及尿频的症状都已经减少。体内雌激素的增加，使你头发乌黑发亮，很少有头屑，现在是一生中难得的好发质。由于胎儿的成长需要更多的营养成分及氧气，所以，准妈妈的心脏负担达到了孕妈妈所能承受的最高值。孕妈妈现在体内雌激素水平较高，盆腔及阴道充血，阴道分泌物增多。准妈妈的皮肤偶尔会有瘙痒的症状出现，但是不会出现肿块。

斯瑟蒂克提醒：准爸妈必读

多补充铁

怀孕使得孕妈妈胎盘处的血液蓄积，如果摄取铁量不足，孕妈妈很可能出现贫血症状。为给胎儿供给充足的血液，摄取丰富的铁很重要。孕妈妈从怀孕初期就应在食物中补充铁，多吃菠菜、牡蛎、猪肝等；另外，还要摄入维生素 C，提高铁的吸收率。

忌大笑不止

怀孕女性大笑的时候，腹部会猛然抽搐，会使腹压增加，可能导致流产或早产。因此，孕妈妈笑的时候要有个度，不能大笑。

吃纤维素食物，防便秘

怀孕期间由于肠蠕动减少及肠张力减弱，运动量减少，加上子宫及胎头的压迫，很容易便秘。因此，要注意饮食结构，多吃富含纤维素的蔬菜和食物，如芹菜、白菜、萝卜、红薯、小米等。坚持每天散步，养成定时排便的习惯，不能使用泻药。

饮食清淡，不宜多吃榴莲

榴莲所含的热量和糖分都比较高，孕妈妈经常吃会导致血糖升高，增加巨大儿的概率；榴莲的纤维素在肠胃中吸水膨胀，会阻塞肠道，引起便秘；榴莲性温，吃多了还容易上火，引起孕妈妈胎热，损害新生儿健康。因此，孕妈妈饮食要营养丰富，口味清淡，不适宜肥甘厚味，榴莲要少吃。

3.胎教时光：孕妈妈运动，保持体态稳定

胎宝宝不断长大，会引起孕妈妈腰臀部疼痛。此时要想站得稳，不光两条腿要有力，而且还要有正确的姿势来辅以平衡，帮助孕妈妈保持孕期体态稳定，还能对身体、心智、感情和呼吸起到一定的协调作用。

运动胎教：瑜伽直立式，锻炼平衡性

瑜伽直立式非常简单，开始的时候，先做基本站立式。把双脚平行分开站立，身体的重量全部平分到两脚上，双眼轻轻闭上，双膝放松，不要咬紧牙齿，舌头保持柔软，平放在口腔底部，不要抵住上腭。正常呼吸，保持这个姿势 60 秒，然后睁开双眼。将以上动作重复 8~10 次。

情绪胎教：保持最佳状态，培养胎宝宝的性格

孕妈妈豁达乐观的情绪有助于胎宝宝的健康发育，也有助于宝宝出生后形成活泼开朗的性格。孕妈妈要为胎宝宝创设良好的宫内环境和精神世界，有意识地培养胎宝宝的性格。

如果是性格比较内敛和消极的父母，在胎儿阶段就更应注意，把自己的情绪调整到最佳状态，多想想开心和幸福的事，多看到事情美好的一面，把真善美讲给宝宝听，一方面，可以培养胎宝宝的性格取向，另一方面，也会无形中对自己性格中消极的一面进行转变。

美学胎教：诗歌《我的歌》（泰戈尔）

充满感情地给宝宝读一首诗吧。相信这一首诗孕妈妈一定有共鸣。

我的孩子，我这一支歌将扬起它的乐声围绕你的身旁，好像那爱情的热恋的手臂一样。我这一支歌将触着你的前额，好像那祝福的接吻一样。

当你只是一个人的时候，它将坐在你的身旁，在你耳边微语着；当你在人群中的时候，它将围住你，使你超然物外。

我的歌将成为你的梦的翼翅，它将把你的心移送到不可知的岸边。

当黑夜覆盖在你路上的时候，它又将成为那照临在你头上的忠实的星光。

我的歌又将坐在你眼睛的瞳仁里，将你的视线带入万物的心里。

当我的声音因死亡而沉寂时，我的歌仍将在我活泼泼的心中唱着。

准爸爸学堂：积极参与对话胎教和抚摸胎教

对于孕妈妈来说，与胎宝宝的沟通从怀孕第1天就开始了，而准爸爸直到孕妈妈妊娠4个月有了胎动之后，才能依稀感到胎宝宝的存在。因此，这个阶段的抚摸和对话胎教，准爸爸要积极参与，让胎宝宝对准爸爸的声音和互动留下印象，使胎教更有成效、更有意义，也充满情趣。

抚摸胎教和对话胎教最好结合在一起进行。准爸爸一边用温柔的手贴着妻子的腹部，细细抚摸胎宝宝，让他在你的帮助下踢腿、翻跟斗、做仰卧起坐，一边对着妻子的腹部，轻轻呼唤胎宝宝，和他说话、问好，比如："宝宝，爸爸来看你了。把小手伸出来，小脚丫蹬一蹬……"准爸爸温柔的说话声，可以刺激胎宝宝的听觉发育，增进胎宝宝的舒适感，让胎宝宝有"被爱"的感觉。

营养胎教：增加主食的摄入量

怀孕中期，胎儿的生长速度加快起来，此时需要增加热量供应，而热量主要从孕妈妈的主食中摄取，如米和面，再搭配吃一些五谷杂粮，如小米、玉米面、燕麦等。如果主食摄取不足，使孕妈妈出现肌肉酸痛、身体乏力等症状。

4.孕14周食谱推荐

清蒸鱼

【材料】活鱼600克，熟火腿30克，水发香菇、净冬笋各20克，葱段、姜块各适量。

【调料】盐、鸡油、鸡汤、鸡精、胡椒粉、料酒各适量。

【营养解析】此菜能益胃、健脾、养血，可缓解孕妈妈体虚亏损的症状。

【做法】

①将鱼清洗干净，在鱼身两侧剖上刀花，然后在鱼身上撒上少许盐摆在盘中；香菇、冬笋、熟火腿切成5厘米长的薄片，并间隔着摆在鱼身的刀纹内，加葱段、姜块、料酒。

②锅置火上，加水烧沸，将整鱼连盘上笼蒸约15分钟，至鱼肉松软时取出。

③将鸡汤烧沸，加鸡精、鸡油调味，浇在鱼上，撒上胡椒粉即可。

红白豆腐

【材料】豆腐150克，猪血150克，红椒1个，葱末20克，生姜5克。

【调料】盐、鸡精、食用油各适量。

【营养解析】猪血有生血、解毒的功效。豆腐富含大豆蛋白和卵磷脂，能保护血管，降低血脂，还有益于胎儿神经、血管、大脑的发育。

【做法】

①豆腐、猪血洗净，切成小块；红椒、生姜切成片。

②锅中加水烧开，下入猪血块、豆腐块焯水后，捞出。

③将葱末、姜片、红椒片下入油锅中爆香后，再倒入猪血块、豆腐块稍炒，加入适量清水焖熟后，再加入盐、鸡精调味即可。

三、孕15周 可以在肚子里做很多事情了

宝贝，今天妈妈给你唱了儿歌，爸爸给你讲了故事，你都听到了吗？你分得清爸爸和妈妈的声音吗？低沉的、粗粗的，那个是爸爸的声音；轻轻的、温柔的，就是妈妈的声音。爸爸妈妈都很爱你，每天和你说话，隔着肚皮抚摸你，想象你出生后的样子……你感受到我们的爱了吗？

1.胎宝宝的样子

胎宝宝的头顶上开始长出细细的头发，眉毛也长出来了。薄薄的皮肤上有一层细绒毛，好像是一条细绒毯盖在身上。随着孕周的增加，这层绒毛逐渐减少，通常在出生时就会消失。

胎宝宝的头顶上开始长出细细的头发，眉毛也长出来了。

2.孕妈妈的神奇变化

你的子宫长大并长出骨盆，肚脐下会有明显的凸痕，可以在肚脐下方四横指左右的位置摸到自己的子宫。虽然激素急剧上升的状态已经减缓，你可能仍会感到比怀孕前更脆弱、敏感和易怒。随着孕周的增加，准妈妈的心肺功能负荷增加，心率增速，呼吸加快、加深等现象，都有可能会加重原有的焦虑情绪。

☀ **斯瑟蒂克提醒**：准爸妈必读

▣ 健康喝水

多饮水，多排尿，能避免孕期常见的泌尿系统疾病，而且羊水充足，胎儿才能自由活动。因此，建议孕妈妈每天饮水 1.0～1.5 升，最好不少于 1.2 升。鲜果汁也可适量饮用，汽水等碳酸饮料最好不要饮用。

▣ 慎养宠物

猫、狗身上潜藏的病毒、细菌、弓形虫等感染了孕妈妈后，可经血液循环到达胎盘，破坏胎血的绒毛膜结构，造成母体和胎儿之间物质交换障碍，导致胚胎死亡而发生流产，或因缺氧导致胎儿宫内发育迟缓或死胎。因此，孕妈妈不要饲养宠物，并避免和其接触，也不要到养动物的人家或动物园去玩。

▣ 保持口腔卫生，牙龈出血勿大意

孕妈妈体内孕激素增加，使牙龈毛细血管扩张弯曲，容易引起牙龈炎，发生牙龈出血的现象。孕妈妈对此不可大意，因为牙床病细菌在其他部位感染，会通过脐带进入胎宝宝体内，危害胎宝宝，导致早产。孕妈妈平时要做到勤刷牙、保持口腔卫生，多吃一些富含维生素 C 的新鲜水果和蔬菜，增强毛细血管的弹性。

3.胎教时光：轻松运动，避免难度大的动作

进入第 4 个月，胎宝宝的状态相对稳定，孕妈妈可以适当增大运动强度，但也要避免剧烈运动以及过度疲劳，以免引起胎儿的不正常发育。

运动胎教：和胎宝宝一起跳个舞吧

放一首优美舒缓的音乐，孕妈妈可以随着音乐律动轻轻摇摆身体，让音乐和羊水的振动一起抚慰胎宝宝。这种刺激对胎宝宝而言，是最美的享受之一。

另外，柔和并且具有律动的舞蹈，能够整合听觉和肢体的活动，还能帮助孕妈妈和胎宝宝的身体达成协调，提高孕妈妈的平衡能力。

音乐胎教：选一张优美柔和的音乐CD

温和、动听、悦耳的轻音乐能使胎宝宝心律平稳，刺激胎宝宝的大脑发育；还能促进孕妈妈分泌酶和乙酰胆碱等物质，改善胎盘的供血状况，促进胎宝宝发育。因此，有时间的话，孕妈妈和准爸爸可以到音像店挑选一张柔和优美的音乐CD，回家放给胎宝宝听。

需要注意的是，孕妈妈听音乐的时候，不要戴耳机，音量应控制在 45~55 分贝。时间也不要过长，一般是 5~10 分钟，时间选在晚上比较好。

美学胎教：欣赏名画《母与子》（雷诺阿）

《母与子》是法国印象派画家雷诺阿 1886 年的名作，描绘的是丰满娇媚的年轻妈妈怀抱宝贝的温馨场景：胖嘟嘟的婴儿酣畅地吮吸着妈妈的乳汁，小脚丫悠然自得地摇晃着，年轻妈妈的脸上自然而然流露出为人母的骄傲和安逸。看着这样一幅画作，准妈妈是不是也感觉特别安详和爱意满满呢？

准爸爸学堂：制造二人世界的小浪漫

因为怀孕，孕妈妈把注意力投射到胎宝宝身上，好像没有以前那么关心丈夫了，还经常莫名其妙地发脾气，夫妻可能已经很少过恣意轻松的二人生活了。对此，准爸爸一定要包容妻子的小性子，舒缓她的情绪，在关注胎宝宝之外，也不要忘了给二人世界留点空间。

准爸爸要经常对孕妈妈说点甜言蜜语，哪怕只是简单的"我爱你"，对她也是莫大的安慰和支持；记得给她做一次烛光晚餐，为她洗洗脚，帮她按按摩；记住你们爱的纪念日，并有所表示……这些私密的温柔行动，相信会再一次俘获妻子的芳心，唤起她久违的温柔。爱意满满的氛围，对胎宝宝也好哦。

营养胎教：补充铁元素，避免孕期缺铁性贫血

孕 4 月，孕妈妈小欣经常感到头晕乏力，特别是蹲下后站起来时真是天旋地转。去医院检查，医生诊断说小欣患有缺铁性贫血，需要补铁。的确，铁是人体必需的微量元素之一，是人体内含量最多，也是最容易缺乏的一种微量元素。

功效分析

铁是构成血红蛋白和肌红蛋白的原料，参与氧的运输，在红细胞的生长发育过程中构成细胞色素和含铁酶，参与能量代谢。孕周越长，胎宝宝发育越完全，需要的铁就越多。适时补铁还可以改善孕妈妈的贫血症状，进而改善身体、精神等各方面的状况。

缺乏警示

孕期缺铁会导致孕妈妈患缺铁性贫血，影响身体免疫力，使孕妈妈自觉头晕乏力、心慌气短，很可能会引起胎儿宫内缺氧，干扰胚胎的正常分化、发育和器官的形成，使之生长发育迟缓，甚至造成婴儿出生后贫血及智力发育障碍等。

每日剂量

怀孕期间，铁的摄入量要达到孕前的 2 倍，孕早期每日摄入量为 15~20 毫克，孕晚期每日摄入量为 35 毫克。

最佳食物来源

食物中的铁可以分为血红素铁和非血红素铁两大类。血红素铁主要存在于动物性食品中，如动物肝脏、肉类和鱼类，这种铁能够与血红蛋白直接结合，生物利用率很高。非血红素铁主要存在于植物性食品中，如深绿色蔬菜、黑木耳、黑米等，它必须经胃酸分解还原成亚铁离子才能被人体吸收。因此，生物利用率低，并不是铁的良好来源。

注意事项

维生素 C 能促进铁的吸收，所以，补铁时宜多进食富含维生素 C 的新鲜蔬菜和水果，如菜心、西蓝花、青椒、番茄、橙子、草莓、猕猴桃、鲜枣等。

最好用铁锅、铁铲烹调食品，这样可以使脱落下来的铁分子与食物结合，增加铁的摄入及吸收率。另外，在用铁锅炒菜时，可适当加些醋，使铁成为二价铁，促进铁的吸收利用。

牛奶中的磷、钙会与体内的铁结合成不溶性的含铁化合物，影响铁的吸收。因此，服用补铁剂的同时不宜喝牛奶。

4.孕15周食谱推荐

地三鲜

【材料】茄子1个，土豆1个，青椒2个，蒜蓉10克，葱花5克。

【调料】酱油15克，盐、鸡精、料酒、白糖各少许，食用油、水淀粉各适量。

【营养解析】这道菜富含膳食纤维，有利于预防和缓解孕期便秘。

【做法】

①茄子洗净，去皮，切滚刀块；土豆洗净，去皮，切滚刀块，放清水中浸泡5分钟；青椒去蒂及籽，洗净，切片。

②锅中放油烧热，将土豆块放入炸约2分钟，再放入茄子块，炸至呈金黄色，捞出，控油。

③锅留底油烧热，爆香葱花、蒜蓉，加入茄子块、土豆块、青椒片翻炒，加适量水、料酒、酱油、盐、白糖、鸡精调味，大火烧约1分钟，烧熟后用水淀粉勾芡即可。

虾皮烧冬瓜

【材料】冬瓜250克，虾皮3克。

【调料】盐、植物油各适量。

【营养解析】冬瓜有利水的功效；虾皮富含钙、磷。此菜有助于预防孕期水肿、下肢静脉曲张等症，并可为胎儿的发育提供丰富的营养素。

【做法】

①冬瓜去皮，切块；虾皮洗净。

②锅置火上，放植物油烧热，放入冬瓜块翻炒，加入虾皮、盐、水调匀，加盖，烧透入味即成。

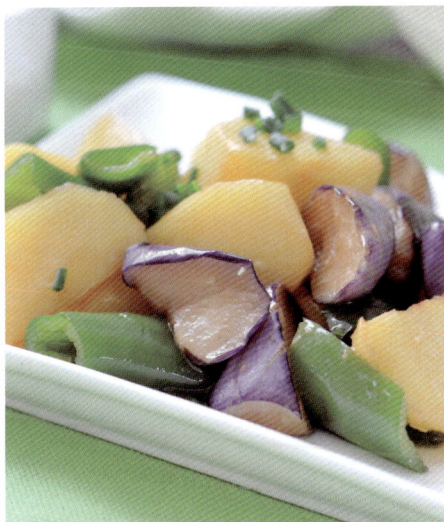

四、孕16周 大小跟你的手掌一样

亲爱的宝贝，妈妈有时候很好奇你在肚子里做什么呢？吃手指吗？还是在游泳？妈妈给你放的音乐你喜不喜欢听？妈妈讲的故事有不有趣？妈妈抚摸你的时候，你感觉得到吗？想到宝宝一个人在子宫里自得其乐，也是一件很好玩的事情啊。等宝宝出生了，妈妈天天陪你玩，好不好？

1.胎宝宝的样子

胎宝宝现在的身长大约有 16 厘米，体重达到了 200 克，看上去如大人的拳头般大小。现在胎宝宝开始学会轻轻地打嗝了，这是呼吸的先兆，但是你听不到打嗝声，这是因为在他的气管里充满了羊水，而不是空气。到本月末，胎宝宝可以做许多动作，可以握拳头、眯起眼睛来斜视、皱眉头、做鬼脸，也开始会吮吸自己的大拇指。

▶ 现在胎宝宝开始学会轻轻地打嗝了，这是呼吸的先兆。

2.孕妈妈的神奇变化

16 周，这是一个让所有孕妈妈都非常期待的时刻。因为从现在起，你就能感觉到胎动的美妙时刻离你越来越近了。实际上，一些孕妈妈在本周就能够感觉到"第一次胎动"了，但大多数人要等到第 18 周以后才会感觉到。如果你是第一次怀孕，也许还会更晚一些，直到 20 周，才能感觉到宝宝的胎动。现在，你的体重可能已经增加了 2~4.5 千克。你的子宫已经重约 250 克了，羊水也继续增加，约有 250 毫升。血量和羊水的增加、胎盘和胎儿的支撑系统以及变大的胸部使你的体重大大增加。

斯瑟蒂克提醒：准爸妈必读

◼ 适当吃些野菜

野菜中含有非常丰富的营养成分，蛋白质比栽培蔬菜多20％，矿物质达数十种。所以，孕妈妈的餐桌上可以时不时出现一道野菜，不但能补充营养成分，还能换换口味，激发食欲，对孕妈妈和胎宝宝都大有好处。

◼ 勿接触农药

农药毒性很强，怀孕期间接触多，会影响胎宝宝的中枢神经系统发育及性腺的分化，造成胎宝宝生长发育迟缓，出生后还可能发生器官功能障碍，不易喂养且易患病。因此，孕妈妈不要接触。

◼ 不要长时间吹风扇

孕妈妈新陈代谢旺盛，皮肤散热量比较多，比一般人的耐热能力差，如果长时间吹电风扇，会使动脉血压暂时升高，加重心脏负担，而且冷风乘虚而入，极易受凉感冒。因此，不要长时间吹风扇，吹的时候也不要直接对着吹，风速宜缓和。

3.胎教时光：每周至少活动3次，避免剧烈运动

　　孕妈妈每周至少要活动 3 次，运动量的大小要以心率在每分钟不超过 140 次为宜，有氧运动每次不超过 20 分钟，尤其是热天更应严格控制运动量。如果出现晕眩、恶心、极度疲劳或者局部疼痛等现象，应立即停止运动。

✍ 运动胎教：安全运动，舒缓为主

　　孕妈妈可以坚持每天散步，或做舒缓的运动，比如轻松的体操、瑜伽等，但不管做什么运动，都要注意：避免做难度较大的动作，以免跌倒；避免做挤压和振动腹部的运动；避免做关节紧张的动作，防止腰部损伤；避免俯卧运动，以防子宫压迫下腔静脉；运动时衣着要宽松舒适，穿运动鞋，戴乳罩；运动前做准备活动，将关节和肌肉活动开；运动前可以喝点水，这样运动时体热散得快，体温不会升太高。

✍ 音乐胎教：儿歌《拔萝卜》

　　这是一首很有画面感的欢快儿歌，孕妈妈可以把《拔萝卜》的故事先讲给胎宝宝听，然后模仿人物特点，把儿歌唱出来，和胎宝宝一起在童真的世界里玩耍吧。

拔萝卜，拔萝卜，嗨哟嗨哟，拔萝卜，嗨哟嗨哟，拔不动，

老太婆快快来，快来帮我们拔萝卜。

拔萝卜，拔萝卜，

嗨哟嗨哟，拔萝卜，嗨哟嗨哟，拔不动，

小姑娘快快来，快来帮我们拔萝卜。

拔萝卜，拔萝卜，嗨哟嗨哟，拔萝卜，嗨哟嗨哟，拔不动，

小黄狗快快来，快来帮我们拔萝卜，

拔萝卜，拔萝卜，嗨哟嗨哟，拔萝卜，嗨哟嗨哟，拔不动，

小花猫快快来，快来帮我们拔萝卜。

故事胎教：《长胡子精灵》

从街头铺到街尾的长胡子，在胡子上坐滑梯，是不是很好玩？希望宝宝将来也是一个能带给别人快乐的人，也要做一个讲卫生的干净宝宝哦！

精灵城堡里住着一个长胡子精灵，他的胡子很长很长，走到哪儿胡子就拖到哪儿，胡子把街面的地板扫得干干净净，胡子却弄得脏兮兮的。他家人要花好多时间帮他清洗脏胡子，非常麻烦，所以，长胡子精灵不敢轻易出门。

这一年春天，精灵城堡整整下了十多天的雨。雨水从窗口飞进来淋湿了长胡子精灵的胡子，胡子又脏又潮，好像有了气味。

"等天晴了，阳光好的时候，我就好好地清洗胡子，晒一晒。我更喜欢闻阳光晒在胡子上的香香味道。"长胡子精灵对家里人说。

几天后，雨停了，太阳出来了。长胡子精灵要洗胡子了，他站在阳台大声喊："有谁愿意帮我洗胡子、晒胡子吗？"

精灵们都很乐意帮他这个忙，全飞到长胡子精灵家里去，一起把长长的胡子从楼里拉出来，从阳台吊下去，铺在街道上。胡子从城堡的南街一直铺到城堡北街的街尾。水精灵飞起来从高空喷水把胡子打湿，很多精灵拿着大刷子刷胡子。湿湿的长胡子在阳光下闪着晶莹的水光，像一条流动的胡子河。

那些调皮的小精灵们可高兴了，有些小精灵把胡子当跳床，在胡子上蹦跳；有些精灵把胡子当成河水，钻来钻去的玩游泳；有些精灵把胡子当成滑梯，从胡子精灵的下巴爬上去，坐在胡子上滑下来，哇——好好玩呀，小精灵们玩得非常开心。大精灵看到了，也像小精灵那样坐胡子滑梯，乐得咯咯笑，开心得像一群孩子。后来，城堡里的精灵们都爬到胡子上去滑滑梯，从高高的楼顶上滑下来，从街的这头滑到街的那头。整个精灵城堡里充满了开心的笑声，像过节一样热闹。

精灵们玩够了，把胡子架起来晾在屋顶上，房子像盖上了丝绸纱巾，看起来很美很美。精灵们玩得很开心，胡子精灵看到自己的胡子能给大家带来这么多的快乐，也很高兴。从此以后更勤快地洗胡子、晒胡子了，他想让精灵们经常快乐。

后来，精灵城堡的精灵们决定设一个胡子节，那天整个城堡的精灵们都一起帮胡子精灵洗胡子、晒胡子，大精灵和小精灵一起像孩子一样开开心心地玩个够。

准爸爸学堂：巧妙帮助孕妈妈调整情绪

有的孕妈妈妊娠反应还没有过去，可能情绪不稳定，脾气很坏，易动怒，喜欢和丈夫吵架。准爸爸要及时帮她调整，舒缓急躁的情绪。

孕妈妈气恼时，要立即转移孕妈妈的关注点，可以听听音乐、看看书、散散步，来分散孕妈妈的注意力；多引导孕妈妈接触一些美好的事物，多参加一些有益的活动，让她在良好的环境中产生美好的愿望；平时多开导孕妈妈，告诉她生活中难免遇到不愉快，为了自身和胎宝宝的健康，要大度宽容，一定不要急躁。总之，想尽一切办法让孕妈妈保持良好的心态，让胎宝宝茁壮成长。

营养胎教：孕期补钙有讲究

孕期需补钙基本已成为孕妈妈的一个常识，不过，何时补钙、怎么补、通过什么方式补，大多数孕妈妈并不是很清楚。

功效解析

钙是构成牙齿和骨骼的重要物质，99％的钙存在于骨骼和牙齿中，用以形成和强健牙齿、骨骼。钙离子是血液保持一定凝固性的必要因子之一，也是体内许多重要酶的激活剂。

钙可以被人体各个部分利用，能够维持神经肌肉的正常张力，维持心脏跳动，并维持免疫系统的机能。钙还能调节细胞核毛细血管的通透性。

缺乏警示

孕妈妈如果缺乏钙，很可能会影响胎宝宝的骨骼发育，严重时，产后易出现腰痛等不适，同时易患骨质疏松症，进而导致软骨症等，严重危害产妇的健康。缺钙还会导致孕妈妈对各种刺激变得敏感，容易情绪激动、烦躁不安，对胎教也很不利。

孕妈妈缺钙，也会对胎儿产生种种不利影响，如智力发育缓慢，易患先天性佝偻病，宝宝出生时体重过轻，颅骨因缺少钙元素而钙化不好，前囟门可能长时间不能闭合。

每日剂量

随着胎宝宝的成长，孕妈妈对钙的需求量也不断增多。早期建议每天补充钙元素 800 毫克；到了怀孕中期，每天补充 1000 毫克钙元素；孕晚期每天补充 1200 毫克钙元素。当然，也要注意自己补充之后的吸收情况，不是每个补钙的孕妇都不缺钙，如果只是补了但不吸收，就要更换补钙的品牌等。

最佳食物来源

鲜奶、酸奶及各种奶制品是补钙的最佳食品，当中既含有丰富的钙元素，又有较高的吸收率。虾米、虾皮、小鱼、脆骨、蛋黄、豆类及豆制品也是钙的良好来源。深绿色蔬菜，如菠菜、芹菜、油菜、韭菜也含有钙，但因为含有草酸，人体难以吸收，所以并非补钙的合适食物来源。

注意事项

孕妈妈平时要多晒太阳，这样就能得到足量的维生素 D，能促进钙的吸收。

虽然孕期补钙非常重要，但也要适量。孕妈妈如果大量服用钙片，胎宝宝易得高血钙症，还会影响出生后的体格和容貌。

4.孕16周食谱推荐

百合莲肉炖蛋

【材料】百合、莲子肉各50克，鸡蛋2~3个。

【调料】冰糖适量。

【营养解析】这道甜品有清心安神、健脾止泻的功效。

【做法】

①将鸡蛋煮熟，去壳待用；将百合和莲子肉洗净。

②将洗净的百合、莲子肉与鸡蛋同放入碗内，加适量冰糖，隔水炖半小时左右即可。

韭菜拌核桃

【材料】韭菜段200克，核桃仁60克。

【调料】盐、食用油各适量。

【营养解析】韭菜富含维生素和膳食纤维，味辛辣，有增进食欲、促进胃肠蠕动的食疗功效，适合食欲不佳或便秘的孕妈妈食用。

【做法】

①锅置火上，倒入适量的油烧热，再放入核桃仁炸黄，取出备用。

②韭菜段洗净备用。

③另起油锅，放入韭菜段翻炒，待韭菜呈深绿色时，放入核桃仁，炒熟后用盐调味即可。

THE FIFTH
MONTH OF
PREGNANCY

第五章

孕5月（17～20周）：
妈妈的语言胎教

随时与胎儿交谈。由早上到晚上就寝，一天里在做着什么，想着什么，都跟胎儿说。例如，早上起床，跟胎儿说早安，告诉他现在是上午，可以将当天的天气告诉胎儿。

——实子·斯瑟蒂克

一、孕17周 开始有听觉

宝宝，你知道吗？医生说，你现在可以用耳朵听见妈妈说话了，妈妈好高兴啊！从今天起，妈妈和爸爸将跟宝宝说更多的话，给你听更多美妙的音乐，有趣的故事，让我的宝宝掌握更多的知识。

1.胎宝宝的样子

这个星期的胎宝宝已有一个梨子那么大，循环系统、尿道等也开始工作。他的肺正在发育得更强壮，以利于将来适应子宫外的空气。16~19周，胎宝宝的听力形成，此时的他就像一个小小"窃听者"，能听得到妈妈的心跳声、血流声、肠鸣声和说话的声音。

▶ 胎宝宝已有一只梨子那么大。

2.孕妈妈的神奇变化

本周，你的小腹更加突出，过去的衣服无论如何也穿不了了，必须穿上宽松的孕妈妈装才会觉得舒适。你的体重最少长了 2 千克，有的孕妈妈甚至长了 5 千克。乳房变得更加敏感、柔软，甚至有些疼痛。在肚脐和耻骨之间触摸的时候，能够感觉到有一团硬东西，这就是子宫体部。有时你可能感到腹部一侧有轻微的触痛，这是因为子宫在迅速地增长。如果疼痛一直持续的话，就要向医生咨询了。如果你感觉到了下腹像有一只小虫似的一下一下地蠕动，或者感觉像有一条小鱼在腹中游动，这正是胎儿在羊水中蠕动、挺身体、频繁活动手和脚、碰撞子宫壁而引起的胎动。

斯瑟蒂克提醒：准爸妈必读

这时候妈妈应该合理选择孕妇装

上衣：宽松 T 恤，圆领长袖运动衫。

裤子：可调腰围松紧的运动裤，可变背带长短的背带装。

乳罩：具有托扶作用的棉制品，肩带要宽，罩杯要深。

内裤：要有足够的弹性，以适应变大的腹部。

弹力袜：弹力袜可以消除疲劳和腿痒，防止脚肿。

鞋子：鞋跟较低、舒适防滑的平底鞋为佳。

3.胎教时光：倾听妈妈的声音

　　孕妇说话应尽量温和，要与丈夫配合好和胎儿"对话"，为胎儿唱歌，满足"小窃听者"对美好声音的需求。那么，"小窃听者"不仅听觉发育好，对声音产生兴趣，富于敏感性，出生后也聪明活泼，领悟能力较强。

⚉ 语言胎教：淘气的你

　　我的小乖乖，住在妈妈肚子里很开心吧！天天在里面调皮捣蛋，我怎么觉得肚子里住着个孙悟空呢？淘气鬼，把妈妈肚子当花果山了是吧。美猴王，你可真厉害，妈妈的肚子就这么被你占据了，玩归玩，不过别累着啊！注意多休息，妈妈爱你哟。

⚉ 音乐胎教：《单簧管五重奏》（莫扎特）

　　莫扎特的音乐总是给人欢快、轻松的感觉，这首乐章是木管室内乐的巅峰之作，乐器之间旋律的完美配合，生气勃勃的舞曲旋律以及充满天真气息的甜蜜情感，无法用言语描述，需要你跟宝宝一起，仔细聆听、感受。

故事胎教：诗歌《雪花的快乐》（徐志摩）

假如我是一朵雪花，

翩翩的在半空里潇洒，

我一定认清我的方向——

飞扬，飞扬，飞扬——

这地面上有我的方向。

不去那冷寞的幽谷，

不去那凄清的山麓，

也不上荒街去惆怅——

飞扬，飞扬，飞扬——

你看，我有我的方向！

在半空里娟娟的飞舞，

认明了那清幽的住处，

等着她来花园里探望——

飞扬，飞扬，飞扬——

啊，她身上有朱砂梅的清香！

那时我凭借我的身轻，

盈盈的，沾住了她的衣襟，

贴近她柔波似的心胸——

消溶，消溶，消溶——

溶入了她柔波似的心胸！

被诗人意念填充的雪花，充满灵性，坚定欢快地追寻自由。而这个美的她，住在清幽之地，出入雪中花园，浑身散发朱砂梅的清香，心胸恰似万缕柔波的湖泊！而"她"是诗人心中美学的幻像，是新世纪的曙光。

益智卡片：认识数字"1"

从这周开始，我们要进行阿拉伯数字的学习啦。

孕妈妈把注意力集中在"1"的形状和颜色上，把这个数字的印象留在脑海里。然后进行联想，这个数字像什么呢？像一根筷子、一根电线杆、一根手指、一根针等。接下来，孕妈妈可以拿出身边的实物来加深印象，使"1"视觉化。

准爸爸学堂：爸爸的工作汇报

在准爸爸不在家的这段时间，有什么有趣的事情发生呢？快和准妈妈和宝宝分享吧！这也是帮宝宝认识社会、增长见识、促进家庭和谐的好办法呢！

准爸爸和宝宝打招呼，然后开始向"领导"汇报工作啦！

爸爸去公司的路怎么走呢？坐什么车去呢？爸爸的办公室有哪些人呢？爸爸的工作是做什么的呢？

中午爸爸吃得饱不饱呢？吃了什么呢？饭桌上大家聊的什么呢？

今天发生了什么趣事呢？上下班的路上可以看见什么呢？

小贴士：准妈妈要听懂准爸爸说的事物，最好能想象出具体的样子，要经常表达自己的感受。

营养胎教：多吃豆类食品

有的孕妈妈不习惯吃豆类和豆制品，这样对供给胎宝宝足够的健脑营养素很不利。豆类是重要的健脑食品，如果孕妈妈能多吃些豆类食品，将对胎宝宝健脑十分有益。

大豆：大豆是很好的健脑食品。从下面几点我们就可以看出大豆的健脑作用：含有相当多的氨基酸和钙，正好弥补米面中营养的不足。谷氨酸、天冬氨酸、赖氨酸、精氨酸在大豆中的含量分别是米中的6倍、6倍、12倍、10倍。而这些营养物质都是脑部发育所需的重要营养物质。

大豆中的蛋白质含量占40%，不仅含量丰富，而且是适合人体智力活动需要的植物蛋白。大豆脂肪含量也很高，约占20%，在这些脂肪中，油酸、亚油酸、亚麻酸等优质聚不饱和脂肪酸又占 8.0% 以上，而不饱和脂肪酸是大脑发育所必需的营养素之一。

黑豆： 与大豆相比，黑豆的健脑作用更明显。黑豆皮为黑色，含有花青素，能增强大脑功能。此外，黑豆还富含蛋黄素，更可强化脑细胞的功能，起到健脑益智的作用。

豆浆： 豆乳中的亚油酸、亚麻酸、油酸等聚不饱和脂肪酸的含量都相当多，是十分理想的健脑食品。孕妈妈应经常喝豆浆，或者与牛奶交替饮用。

豆豉： 豆制品中，首先值得提倡的是发酵大豆，也叫豆豉，含有丰富的维生素 B_2，其含量比一般大豆高约 1 倍。维生素 B_2 在谷氨酸代谢中起着非常重要的作用，而谷氨酸是脑部的重要营养物质。因此，多吃豆豉对提高记忆力有益。

豆腐： 豆腐是豆制品的一种，其蛋白质含量占 35.3%，脂肪含量占 19%。因此，豆腐是非常好的健脑食品。豆腐干、豆腐片（丝）、卤豆腐干等都是健脑食品，孕妈妈可以适当地搭配食用。

4.孕17周食谱推荐

水果沙拉

【材料】苹果、小番茄、橘子、香蕉、生菜叶各适量。

【调料】沙拉酱、鲜奶油、柠檬汁各适量。

【营养解析】水果沙拉可根据口味选用多种水果，是补充维生素C的极好途径。

【做法】

①将苹果洗净切块，小番茄洗净对切，橘子剥开成瓣，香蕉去皮切块，上述水果一起拌好；生菜叶洗净待用。

②在小盘里用生菜叶垫底，上面放拌好的水果块，再将鲜奶油、柠檬汁倒入沙拉酱内拌匀，淋在水果块上即可。

蜂蜜鲜萝卜水

【材料】燕麦片50克，牛奶250毫升。

【调料】白糖1大匙。

【营养解析】鲜燕麦是一种高蛋白、低脂肪的谷类保健食物，B族维生素的含量非常丰富，有降血糖、保护心血管、预防便秘等功效，加上牛奶，可以使口感更润泽，营养更全面。

【做法】

①将牛奶倒入奶锅中，中火烧开，倒入燕麦片，不停地搅拌，煮2分钟。

②在煮的牛奶中放入白糖搅匀即可。

二、孕18周 可以确定是男孩还是女孩

宝宝，医生说现在你的五官渐渐清晰了，妈妈多么想看清楚你长什么样子呀，不过一定是帅帅的或者美美的！因为爸爸妈妈都很美呀！

1.胎宝宝的样子

胎宝宝开始频繁地胎动了，在这一周，他原来偏向两侧的眼睛开始向前集中。面部发育得更像人的样子，开始有最早的面部表情，还能皱眉、斜眼、做鬼脸。他的皮肤是半透明的，可以清楚地看见皮下血管，也能够看见全身开始长硬的骨骼。

胎儿原来偏向两侧的眼睛开始向前集中。

2.孕妈妈的神奇变化

现在，你感觉没有过去那么累了，精力逐渐恢复，性欲逐渐增强。准爸爸现在也可以稍微解禁一下了，温柔的做爱是不会伤害到胎儿的。这一时期，大部分的孕妈妈都会受到痔疮的困扰，这是因为，胎儿一天天长大，压迫了直肠，使直肠的静脉鼓起来，严重时，痔疮会凸到肛门外面。你的腿、尾骨和其他肌肉会有些疼痛。当你坐着或躺着，如果起身太快会让你感到有点眩晕。这是因为在孕中期，你的血压可能会比平时低一些。有些孕妈妈会出现鼻塞、鼻黏膜充血和鼻出血，如果鼻出血非常严重，要考虑是否有妊娠高血压综合征的可能性。

斯瑟蒂克提醒：准爸妈必读

孕中期常常会出现腿部抽筋，常见调理方法有：

生活调理

保证充足的睡眠，可经常进行腿部按摩、热敷；睡觉时采用左侧卧位，睡前将脚稍微垫高。

饮食调理

多食用含钙高的食物，如奶制品、豆制品、鸡蛋、海带、黑木耳、鱼虾等，同时补充一定量的钙制品。维生素 D 能调节钙、磷代谢，促进钙的吸收。孕妈妈除了服用维生素 D 片剂外，也可通过晒太阳的方式在体内合成维生素 D。另外，适量补充镁元素也可改善抽筋的症状。

3. 胎教时光：幸福的触动

宝宝，你知道吗？每一次你撞妈妈的肚子，我都感觉好幸福，那么真实地感受到你的存在。小宝贝，你是不是在里面闷了，想早点出来玩耍呀？

语言胎教：给爸爸妈妈笑一个

宝宝，今天你爸爸又给我们照相了，我在比划"剪刀手"的时候，情不自禁地想，我们两个同时做这个动作会是多么美的一幅画面啊！我仿佛已经看到你那双可爱的眼睛在眨个不停呢，来宝宝，给爸爸妈妈笑一个吧！

故事胎教：诗歌《祝福》（泰戈尔）

这是一首新生命的赞歌，表达了母亲对宝宝的无限祝福和对宝宝未来的希冀。全诗洋溢着乐观的基调，新生命诞生，在信任和爱中成长，即使世间那么险恶，一切也都可以变好，终将到达和平的港口。

祝福这个小心灵，这个洁白的灵魂，他为我们的大地，赢得了天的接吻。

他爱日光，他爱见他妈妈的脸。

他没有学会厌恶尘土而渴求黄金。

紧抱他在你的心里，并且祝福他。

他已来到这个歧路百出的大地上了。

我不知道他怎么从群众中选出你来，来到你的门前抓住你的手问路。

他笑着，谈着，跟着你走，心里没有一点儿疑惑。

不要辜负他的信任，引导他到正路，并且祝福他。

把你的手按在他的头上，祈求着：底下的波涛虽然险恶，然而从上面来的风，会鼓起他的船帆，送他到和平的港口的。

不要在忙碌中把他忘了，让他来到你的心里，并且祝福他。

益智卡片：认识数字"2"

孕妈妈集中注意力，把"2"的形象和颜色深深地记在脑海里，可以用手指临摹它的外形。然后进行联想，"2"像什么呢？如在水面上游泳的天鹅，飘扬的红丝带，鱼钩等。同时，还可以借助身边的道具帮助记忆，跟"1"进行比较，两者有什么不同？

准爸爸学堂：一年为什么分春夏秋冬

宝宝你是不是想知道，为什么会有白天黑夜、春夏秋冬？这个问题爸爸小时候也很想知道，现在让我来告诉你吧！

我们住在一个叫"地球"的地方，这个地球围绕着太阳公公旋转，叫作公转。同时，地球自己也在不停地斜着身子转圈，叫作自转。

我们的太阳公公是个很大的火球，会发光发热，比我们的火炉热多了。当太阳公公直射地球表面时，地球就是白天，会受热升温；太阳照射不到时就是黑夜，气温会变低。所以，地球自己转一圈就是一天，绕太阳转一圈就是一年。由于每天接收太阳公公的热量不一样，所以就分为春夏秋冬了。

营养胎教：平衡饮食，预防肥胖

虽然此时孕妈妈正处于胃口大开的阶段，但饮食上也不能过于放纵，尤其应注意从营养出发，在三餐的"质"上下工夫，保证各种营养素的平衡摄取，而不要因为有胃口就胡吃海喝。在饮食方面，最好按以下要求来做：

◎少食多餐，避免暴饮暴食，更不必为了孩子采取所谓的饭量"1+1"。

◎每日各种营养素的供给要均衡，保持适当的比例，既不要过多，也不可过少。

◎不能挑食和偏食，食物要多样化，否则容易造成母婴营养不良。

◎增加蔬菜、水果的摄入量，这样可以预防便秘的发生。

◎吃饭时，要细嚼慢咽，这样有利于营养物质的吸收，也能有效控制食量。

4.孕18周食谱推荐

毛豆炒虾仁

【材料】虾仁500克，鲜毛豆150克，胡萝卜丁50克，鸡蛋清少许，葱、姜末各适量。

【调料】盐、鸡精、胡椒粉、料酒、水淀粉、食用油、干淀粉各适量。

【营养解析】毛豆含有调节大脑和神经组织的钙、锌、锰等，并含有丰富的胆碱，有利湿消肿、增强记忆力的作用；虾仁富含蛋白质和微量元素，并且肉质柔软，易于吸收。二者搭配能给孕妈妈提供丰富的营养。

【做法】

①将虾仁去虾线，加葱末、姜末、盐、鸡精、胡椒粉、料酒，拌匀腌一下，再拌入蛋清及干淀粉。

②锅内放油少许，将毛豆速炒后，放入虾仁、胡萝卜丁翻炒，加鸡精、盐、水淀粉、料酒，烧滚后翻炒均匀即可。

莲子百合煨瘦肉

【材料】莲子50克，百合50克，猪瘦肉250克，葱、姜各适量。

【调料】盐、料酒、鸡精各适量。

【营养解析】这道菜有益脾胃、养心神、润肺肾、止咳嗽的功效，适用于孕妇心脾不足引起的心悸、失眠、胎动不安等症，以及肺阴虚、肺燥热引起的低热、咳嗽、少痰、无痰等症。

【做法】

①将莲子去心、洗净；百合洗净；猪瘦肉洗净，切成长宽约4厘米、厚约0.5厘米的块。

②将莲子、百合、猪瘦肉块放入锅内，加水适量，再加入葱、姜、盐、料酒，用大火烧沸后，改用小火煨炖1小时后，加少量鸡精调味即成。

三、孕19周 相当于一个小木瓜那么大

宝宝，妈妈经常能感觉到你在动，你在里面做什么有趣的事呢？好玩吗？妈妈的肚子越来越大了，能时刻感受到周围人友善的目光，作为孕妈妈，我很自豪！

1.胎宝宝的样子

在孕中期做 B 超时，你可以看到胎宝宝在踢腿、屈身、伸腰、滚动以及吮吸他的大拇指。而且，现在可以清晰地分辨胎宝宝的性别了。

胎宝宝会踢腿、屈身、伸腰、滚动以及吸吮大拇指了。

2.孕妈妈的神奇变化

到了妊娠中期，准妈妈的子宫逐渐增大、体重增加、腹部开始隆起。在肚脐下方约 1.8 厘米的地方，能够很容易就摸到自己的子宫。你的体重增加了 3~7 千克。有的孕妈妈可能会有一些皮肤的变化。上唇、面颊上方和前额周围可能出现暗色斑块。但也有相当部分的孕妈妈皮肤上没有出现任何异样。如果你皮肤上出现暗色斑块，不必过虑，这是孕期很常见的现象。对大多数女性来说，这种暗色斑在分娩后不久就会消退。但你现在仍然需要做一些防护工作，比如尽量避免受到阳光的暴晒。

☀️ 斯瑟蒂克提醒：准爸妈必读

◎ 孕妈妈应调整好自己的睡眠时间，规律作息。没有规律的睡眠习惯，会影响胎儿的生长发育，严重时会导致生长发育停滞。

◎ 每天晚上保证在 11 点之前进入睡眠。睡前用温热水浸泡双足，喝一杯牛奶，可以帮助孕妈妈尽快入睡。

◎ 每天都应该保证 8 杯水的量，睡前的 2 个小时不喝水。

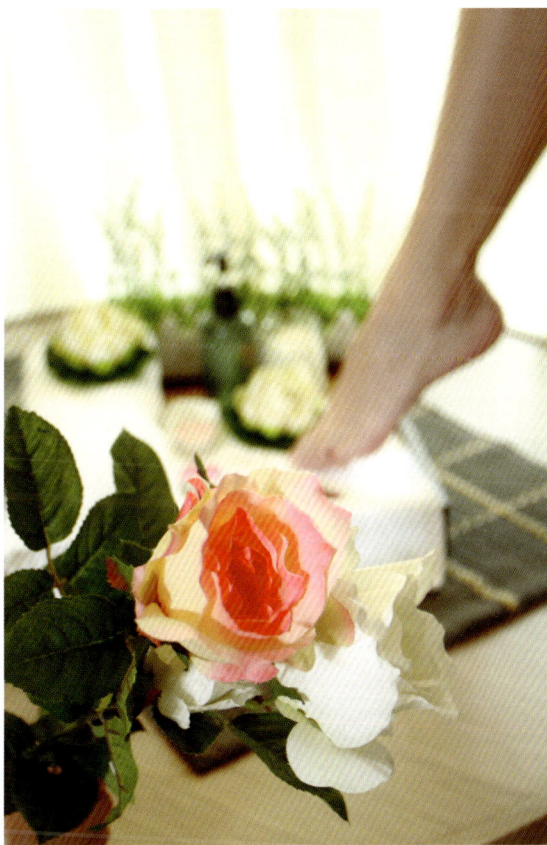

3.胎教时光：自从有了你，世界变得好美丽

宝宝，怀了你之后，我整个人变得好开心，亲朋好友们的祝福和关怀让我很温暖，你一定要健健康康地成长，不要辜负我们的期望哦！

语言胎教：你感觉好吗？

宝宝，听我的好姐妹，也就是你的阿姨们说，怀孕中期是最舒服的时候，现在妈妈算是感受到了。你刚来妈妈肚子里的时候，妈妈好难受啊，现在舒适多了，爸爸还想约我们去海边玩耍呢？我仿佛听到了你在肚子里欢呼，你也喜欢看海吗？等你会走路时，我们天天去海边捡贝壳好吗？

音乐胎教：《四季·春》（维瓦尔第）

这首小提琴协奏曲能感受到浓浓的春天气息，你可以想象出一幅春意盎然的画面。春天初至，小鸟唱着欢快的歌喜迎春天的到来。清风吹拂清泉，水面如镜般平静。在鲜花盛开的草地上，在簌簌作响的草丛中，在晴朗的天空下，仙女与蝴蝶翩翩起舞。

故事胎教：诗歌《我们去寻找一盏灯》（顾城）

走了那么远

我们去寻找一盏灯

你说

它在窗帘后面

被纯白的墙壁围绕

从黄昏迁来的野花

将变成另一种颜色

走了那么远

我们去寻找一盏灯

你说

它在一个小站上

注视着周围的荒草

让列车静静驰过

带走温和的记忆

走了那么远

我们去寻找一盏灯

你说

它就在大海旁边

像金橘那么美丽

所有喜欢它的孩子

都将在早晨长大

走了那么远

我们去寻找一盏灯

益智卡片：认识数字"3"

这周我们来认识数字"3"。孕妈妈先把注意力集中在颜色鲜艳的地方,然后把"3"的外形深深记在脑海,就像从水里面用线牵扯出物体一样。然后,一边读出来,一边用手临摹,告诉胎宝宝这是"3"。接着进行联想,"3"像什么,像一只耳朵、像一个门的把手、像蝴蝶的半边翅膀、像好吃的小饼干等。

准爸爸学堂：为妈妈做静心导语

胎教时最大的烦扰是孕妈妈心烦意乱,不能静下心来。准爸爸用慈爱的声音引导,可以帮助孕妈妈平静下来。孕妈妈冥想时,准爸爸在旁边进行语音引导,帮助孕妈妈进入状态。而且,可以让宝宝尽早熟悉爸爸的声音,可能收到比音乐引导更好的效果哦!

营养胎教：多食用微量元素更丰富的粗加工食品

未经过细加工的食品或经过部分加工的食品,其所含营养,尤其是微量元素更丰富,多吃这些食品可保证对孕妈妈和胎儿的营养供应。相反,经过细加工的精米、精面,所含的微量元素和维生素多已大量流失。有的孕妈妈长期只吃精米、精面,很少吃粗粮,这样容易造成孕妈妈和胎儿微量元素、维生素的缺乏。

4.孕19周食谱推荐

黄豆芽拌海带

【材料】鲜海带300克，黄豆芽100克，干红椒2个，蒜、葱花、姜丝适量。

【调料】醋1大匙，盐、酱油、香油、白糖各1小匙，鸡精适量。

【营养解析】黄豆芽含有丰富的蛋白质、脂肪和维生素C，海带与其搭配食用，能起到乌发、润肤的效果。

【做法】

①将鲜海带洗净，切成细丝，在沸水中余烫熟，放到盘子里。

②黄豆芽洗净，放到沸水中余烫熟，捞出沥干水，放到海带上面。

③蒜捣成泥，干红椒洗净切成丝，与姜丝同放入小碗中；葱花撒在黄豆芽上。

④锅内倒入香油烧热，浇在装有蒜泥、姜丝、干红椒丝的小碗内爆香，加入盐、酱油、鸡精、白糖、醋调成芡汁；将芡汁浇在黄豆芽和海带上拌匀即可。

虾皮烧西蓝花

【材料】西蓝花1朵，虾皮25克，葱末、姜末各适量。

【调料】花生油30毫升，香油10毫升，盐、酱油、黄豆芽汤及水淀粉适量。

【营养解析】西蓝花富含维生素C，虾皮富含钙质。这道菜有助于改善血管的弹性，减轻肿胀，适合孕期有鼻黏膜充血、出血症状的孕妈妈食用。

【做法】

①将西蓝花掰成小块，洗净，放入沸水锅内焯透捞出，放入凉水内浸凉，控干水分。

②将锅置火上，放入花生油烧热，将用水泡后淘干的虾皮稍炸，放入葱末、姜末、盐、酱油，再倒入西蓝花，最后加入适量豆芽汤。

③大火烧开后用小火煨透，以水淀粉勾芡，淋香油盛盘即可。

四、孕20周 感觉器官进入成长关键期

宝宝，如果从怀上你到你出生是一次万里长征的话，那么现在，我们已经完成了一半，也就是五千里啦！你开心吗？很快你就可以跟爸爸妈妈见面啦，我们很期待着你的到来哦！

1.胎宝宝的样子

从孕 20 周起，胎宝宝的视网膜就形成了，开始对光线有感应，能隐约感觉妈妈腹壁外的亮光。胎宝宝的身长已达到 25 厘米，体重达到 450 克。他的感觉器官进入成长的关键时期，大脑开始划分专门的区域，进行嗅觉、味觉、听觉、视觉以及触觉的发育。

胎宝宝开始对光线有感应，能隐约感觉到孕妈妈腹壁外的亮光。

胎宝宝现在每天都在喝羊水、排小便(小便会经过"聪明"的胎盘排出,进入准妈妈的代谢系统排出体外,孕妈妈不要担心)，靠自己维持生活环境中羊水的平衡。本周，胎宝宝的胃有米粒那么大了。

2.孕妈妈的神奇变化

对很多孕妈妈来说，孕期的这个阶段是最轻松、最有精力的时期。你的感觉是不是也好了很多呢？从现在起，预计平均每周你的体重会增加 0.45 千克左右。如果你怀孕之前体重偏轻，可能需要多增加一些。现在，子宫日渐增大，将腹部向外挤，致使肚子向外鼓胀。由于子宫增大，压迫盆腔静脉，会使孕妈妈下肢静脉血液回流不畅，可引起双腿水肿，足背及内、外踝部水肿尤其多见，下午和晚上水肿加重，晨起减轻。由于子宫挤压胃肠，影响胃肠排空，你可能常常感到饱胀、便秘。

☀️ 斯瑟蒂克提醒：准爸妈必读

孕 20 周左右，羊水相对较多，胎儿的大小比较适中，在宫内有较大的活动空间。此时进行 B 超检查，能清晰地看到胎儿的各个器官，可以对胎儿进行全身检查。

怀孕 4~6 个月是外出旅行的最佳时期。不过要注意以下几点：

◎选择人少的旅游地；

◎交通工具要舒适；

◎日程安排要合理；

◎外出饮食要规律。

3.胎教时光：爱上新生活

宝宝，妈妈已经习惯了你的存在，等你要从妈妈体内分离出来时，我可能还会舍不得呢。亲爱的，我们每天给你讲的故事你爱听吗？播放的音乐是你喜欢的吗？

语言胎教：你在里面住得开心吗？

宝宝，你知道吗，你的一举一动我都会汇报给你爸爸，他听到你调皮爱动之后说，是因为你在妈妈肚子里住得舒坦、称心如意。宝宝，是这样吗？妈妈的肚子就是你最可靠的家，我会继续给你提供源源不断的营养补给，你就乖乖在里面成长吧！

美学胎教：名画欣赏《向日葵》（梵高）

众所周知，名画《向日葵》是梵高的代表作。这位荷兰的画家通过对向日葵的描绘，表达出对太阳和光明的热爱和向往。梵高曾说："向日葵是感恩的象征。"向日葵感恩阳光的恩泽，正如宝宝要感恩父母的养育。鲜艳明朗的颜色，充满朝气和活力，给人一种奔放的跳跃感，仿佛跃跃欲出，让人看后精神一振。

故事胎教：童话《小蝌蚪找妈妈》

这个故事是从我们小学语文课本上摘录的，几乎每个大人都耳熟能详。本周，给胎宝宝讲讲这个故事吧，让胎宝宝预先了解一下这个温暖的故事，也可让孕妈妈回忆童年美好的时光，充满幸福感的妈妈孕育出来的宝宝最健康哦。

暖和的春天来到了，青蛙妈妈在水草上生下了好多圆圆的卵。春风轻轻地吹过，太阳光照着，池塘里的水越来越暖和了。青蛙妈妈下的卵慢慢地活动起来，变成了一群大脑袋长尾巴的小蝌蚪。他们在水里游来游去，非常快乐。

有一天，鸭子妈妈带着她的孩子到池塘里游泳。小蝌蚪看见小鸭子跟着妈妈在水里游来游去，非常亲热，就想起自己的妈妈来。他们一起游到鸭妈妈身边问道："鸭妈妈！鸭妈妈！你看见过我们的妈妈没有？请您告诉我们，她是什么样子呀？"

鸭妈妈回答说："看见过，你们的妈妈头顶上长着两只大眼睛，嘴巴又宽又大，你们自己去找吧！""谢谢您，鸭妈妈！"小蝌蚪高高兴兴地向前游去。

一条大鲤鱼游过来了。小蝌蚪看见她头上有两只大眼睛，嘴巴又宽又大。他们想，一定是妈妈来了，就迎上去喊："妈妈！妈妈！"

大鲤鱼笑着说："我不是你们的妈妈，我是小鲤鱼的妈妈。你们的妈妈有四条腿，到前面去找吧！""谢谢您，鲤鱼妈妈！"小蝌蚪再向前游去。

一只大乌龟在前面游。小蝌蚪看见大乌龟有四条腿，他们想，这一定是妈妈了，就追上去喊："妈妈！妈妈！"

大乌龟笑着说："我不是你们的妈妈，我是小乌龟的妈妈，你们的妈妈，穿着绿衣服，露着白肚皮，唱起歌来'呱呱呱'。你们到前面去找吧！"

"谢谢您，乌龟妈妈！"小蝌蚪又向前游去。

小蝌蚪游呀，游呀，游到池塘边。看见一只青蛙坐在荷叶上"呱呱呱"地唱着歌。他们赶快游上去，小声地问："请问，您看见我们的妈妈没有？她头上有两只大眼睛，嘴巴又宽又大，有四条腿，披着绿衣裳，肚皮白白的，唱起歌来'呱呱呱'的……"青蛙听了，"呱呱呱"地笑起来。她说："唉！傻孩子，我就是你们的妈妈呀！"

小蝌蚪听了，一起摇摇尾巴："奇怪！我们的样子为什么跟您长得不一样呢？"

青蛙妈妈笑着说："你们还小哩！过几天，你们会长出两条后腿，再过几天，你们又会长出两条前腿来。四条腿长齐了，尾巴没有了，换上绿衣裳，就跟妈妈一样了，也可以跟妈妈跳到岸上去捉虫吃了。"小蝌蚪听了，高兴得在水里翻起跟斗来："呵！我们找到妈妈了！我们找到妈妈了！"青蛙妈妈"扑通"一声跳进水里，带着她的孩子们一块儿游玩去了。

益智卡片：认识三角形

和以前一样，孕妈妈认真看卡片的颜色和形状，接着用手指一边临摹，告诉宝宝，这个是三角形。反复读出来，注意发音的准确性。接着进行联想，三角形像什么呢？像晾衣架，像小饼干。孕妈妈还可以找出类似的图形，例如三角尺来辅助宝宝记忆。

准爸爸学堂：花儿为什么有五颜六色？

胎宝宝的听力一天比一天好了，更盼望着大人讲解更多知识呢，准爸爸今天就给宝宝讲述花儿的颜色为什么各不相同吧！

宝宝，花儿的颜色是由花瓣里面含有的物质决定的。像橙红色、橙黄色和黄色的花儿，花瓣里面的物质是类胡萝卜素，类胡萝卜素种类繁多，目前已发现有600多种，类胡萝卜素会影响花儿的颜色，所以，含有它的花儿是五颜六色的。

红色、紫色、蓝色的花，花瓣里含有花青素，花青素是一种有机色素，会随着环境的温度和酸碱度的变化而产生变化，遇到酸的时候会变红色，遇到碱的时候会变蓝色。所以，这些花儿在开放和凋谢时，颜色都是不同的。

有些花儿没有色素，所以就是白色的了。花儿们用自己的美丽颜色吸引蝴蝶、蜜蜂来传播花粉，繁殖后代，把自己美丽的一面留下。我们亲爱的宝宝也要努力绽放自己的美丽哦！

营养胎教：用维生素C提高身体免疫力

爱美的女性都知道这句口号——"多C多漂亮"，不过，维生素C对于孕妈妈的意义可不仅仅是带来漂亮那么简单。

维生素C的作用

◎维生素C是一种水溶性维生素，为人体所必需，由于它具有防治坏血病的功效，因而又被称为抗坏血酸。抗坏血酸对酶系统具有保护、调节、促进和催化的作用。

◎维生素 C 可以提高白细胞的吞噬能力，从而增强人体的免疫能力，有利于组织创伤更快愈合。

◎维生素 C 还能促进淋巴细胞的生成，提高机体对外来和恶变细胞的识别和灭杀。它还参与免疫球蛋白的合成，保护细胞，保护肝脏，具有解毒的作用。

◎维生素 C 能保证细胞的完整性和代谢的正常进行，提高铁、钙和叶酸的利用率，促进铁的吸收，对改善缺铁性贫血有辅助作用，可加强脂肪和胆固醇的代谢，预防心血管和动脉硬化。

◎维生素 C 能促进牙齿和骨骼生长，防止牙龈出血，还能增强机体对外界环境的应激能力。

◎维生素 C 对胎儿骨骼和牙齿发育、造血系统的健全和机体抵抗力的增强有促进作用。

缺乏的危害

缺乏维生素 C 会影响胶原的合成，使创伤愈合延缓，毛细血管壁脆弱，引起不同程度的出血。如果孕妈妈体内严重缺乏维生素 C，可使孕妈妈患坏血病，还会引起胎膜早破，增加了新生儿的死亡率，且容易引起新生儿低体重、早产。

孕期每日摄取量

维生素 C 是人体需要量最多的一种维生素。成人每日供给 80~90 毫克就能够满足需要，孕妈妈在此基础上需要再增加 20~40 毫克，孕早期每日宜摄入 100 毫克，孕中期和孕晚期每日均为 130 毫克。

这样补充维生素 C

人体自身不能合成维生素 C，必须从膳食中获取。维生素 C 主要存在于新鲜的蔬菜和水果中，水果中的酸枣、猕猴桃等含量最高；蔬菜以番茄、辣椒、豆芽含量最高。蔬菜中的维生素 C，叶部比茎部含量高，新叶比老叶含量高，能进行光合作用的叶部含量最高。

维生素 C 是水溶性物质，易被氧化破坏，过热、遇碱性、长时间暴露在空气中都会破坏维生素 C。因此，在烹调过程中，应尽量缩短洗煮的时间，避免大火煎炒，以防维生素 C 流失。

4.孕20周食谱推荐

山药蛋黄羹

【材料】山药50克，鸡蛋2个。

【营养解析】蛋黄中含铁和卵磷脂较多；山药中含有蛋白质、碳水化合物、维生素、脂肪、胆碱、淀粉酶等成分，还含有碘、钙、铁、磷等人体不可缺少的无机盐和微量元素。此菜能健脾和中、固肠止泻，适用于孕中期脾气不足、乏力少气等症。

【做法】

①将山药去皮洗净切块，研成细粉，用凉白开水调成山药浆；鸡蛋打散。

②将山药浆倒入锅内，置小火上，不断用筷子搅拌，煮沸后，加入鸡蛋液，继续煮熟即可。

彩椒炒腐竹

【材料】彩椒150克，腐竹70克，葱末少许。

【调料】盐、鸡精、香油各1小匙，水淀粉2小匙，食用油适量。

【营养解析】腐竹含钙量很丰富，彩椒则含有大量的维生素C，可以促进钙的吸收。孕期食用此道菜可以促进胎儿骨骼发育。

【做法】

①将彩椒洗净，切菱形片；腐竹泡水发后切段。

②锅中倒入油烧热，放入葱末炒香，加入彩椒、腐竹段翻炒，再加入盐、鸡精调味，用水淀粉勾芡，最后淋香油出锅即可食用。

THE SIXTH
MONTH OF
PREGNANCY

第六章

孕6月（21~24周）：
妈妈的触摸胎教

当胎儿一会儿动动全身，一会儿像小鸟拍打翅膀一样活动手脚，仿佛用身体动作向你说话时，你一定要对此做出反应。

——实子·斯瑟蒂克

一、孕21周 看上去滑溜溜的

宝宝，你知道吗？妈妈已经越来越习惯挺着大肚子到处走了，最喜欢去的地方是绿树成荫、鸟语花香之处。听着小鸟在树上唱歌，风轻轻地吹动树叶，宝宝的心境有没有和妈妈的一样，变得格外平静呢？

1.胎宝宝的样子

这个小家伙现在看上去变得滑溜溜的，他的身上覆盖了一层白色的、滑腻的物质，这就是胎脂。它可以保护胎宝宝的皮肤，以免在羊水的长期浸泡下受到损害。不少宝宝在出生时身上还残留着少许白色的胎脂。

▶ 胎宝宝的身上覆盖了一层白色胎脂。

2.孕妈妈的神奇变化

准妈妈的体重增加了约 5 千克。子宫在平脐的位置，从耻骨算起约 22 厘米。这个时期你还不会感觉到气短、呼吸急促等不适，因为子宫还没有增大到那种程度，但是随着子宫的增大，这种状况可能会越来越明显。由于孕妈妈身体的重心发生了变化，突出的腹部使重心前移，为了保持平衡，你不得不挺起肚子走路。

由于孕激素的作用，你的手指、脚趾和全身关节韧带变得松弛，会使你觉得不舒服，行动有点迟缓和笨重，这是正常的，不必担心。你的分泌物也在增加，如果你感到阴道周围红肿和刺痛，有酵母味道的分泌物，要考虑有可能是酵母感染，严重时需及时去专科医院就诊。双腿水肿可能会加重，要避免长时间地站立，坐或者躺着时最好抬高脚，这样会使下肢的静脉循环更好一些。

斯瑟蒂克提醒：准爸妈必读

到本月，有些孕妈妈会发现肚子上长出了许多妊娠纹。可以从两方面来调理：

生活调理

按时作息，帮助身体建立规律的新陈代谢，增加皮肤的弹性；每天早晚用适量的妊娠纹乳液涂于腹部、大腿根部和乳房部位，并用顺时针打圈轻轻按摩以帮助吸收，可以减少妊娠纹的产生；使用托腹带；洗澡避免水温过高。

饮食调理

均衡摄取营养，保持正常的体重增加；少吃油炸、高糖食品，多吃蔬菜、水果、牛奶以及胶原蛋白和维生素丰富的食物。

3.胎教时光：温柔地抚摸

宝宝，妈妈每一次抚摸着自己圆圆的肚子的时候，就仿佛摸着你一般。医生说，抚摸肚子可以让你有种安全感，会让你舒适愉快，是这样吗？如果你感到不舒服，记得蹬一下腿告诉妈妈哦！

✪ 触摸胎教：当幸福来"敲门"

本周要给宝宝进行"叩击式胎教"。孕妈妈的双手稍微握拳，用空心拳轻轻地叩击腹部，并对宝宝说："宝宝，你在吗？里面有人吗？"语气亲密，仿佛敲门拜访老朋友一般，时间以5分钟为宜。

✪ 语言胎教：你孤独吗？

亲爱的宝宝，你一个人住在妈妈的肚子里这么久，会不会孤独呀？从爸爸妈妈嘴里学了这么多的故事，是不是想找个小伙伴分享分享呀？不过，你要耐心等待，你的小伙伴们也还在他们妈妈的肚子里安心成长着呢，等你们都出生后就可以一起愉快地在阳光下玩耍了！

✪ 音乐胎教：《土耳其进行曲》（贝多芬）

这是一首驰名世界的变奏曲，反映了当时流行的"东方风格"。它具有通俗而流畅的旋律，主题简洁而极具节奏化，是八分音符和十六分音符的完美融合，表现出一种童真的单纯。各个变奏并不着力渲染技巧，但朴实有力，是一种巧妙的关联。

故事胎教：诗歌《对岸》（泰戈尔）

我渴望到河的对岸去。

在那边，好些船只一行儿系在竹竿上；人们在早晨乘船渡过那边去，肩上扛着犁头，去耕耘他们的远处的田；在那边，牧人使他们鸣叫着的牛涉水到河旁的牧场去；黄昏的时候，他们都回家了，只留下豺狼在这长满着野草的岛上哀叫。

妈妈，如果你不介意，我长大的时候，要做这渡船的船夫。

据说，有好些古怪的池塘藏在这个高岸之后。

雨过去了，一群一群的野鸭飞到那里去。茂盛的芦苇在岸边四周生长，水鸟在那里生蛋。竹鸡摇着跳舞的尾巴，将它们细小的足印印在洁净的软泥上；黄昏的时候，长草顶着白花，邀月光在长草的波浪上浮游。

妈妈，如果你不介意，我长大的时候，要做这渡船的船夫。

我要自此岸至彼岸，渡过来，渡过去，所有村中正在那儿沐浴的男孩女孩，都要诧异地望着我。

太阳升到中天，早晨变为正午了，我将跑到您那里去，说道："妈妈，我饿了！"一天完了，影子俯伏在树底下，我便要在黄昏中回家来。

我将永远不像爸爸那样，离开你到城里去做事。

妈妈，如果你不介意，我长大的时候，要做这渡船的船夫。

这首诗歌以儿童的心理，写出了一种渴望和向往。"我"想象中的"对岸"，是恬美神奇的乐土。人们在那里耕耘、放牧，各种飞禽走兽在那里自由自在地栖息生长，连长草在月光下也呈现出异彩。在这令人神往的景象的描绘之中，寄寓着对大自然的热爱和对故土的眷恋之情。

益智卡片：认识圆形

孕妈妈看到有弧度的东西，是不是觉得很亲切呢？就像自己圆圆的肚子。现在我们就和宝宝一起，来认识圆形吧！

首先，孕妈妈先将这个形状记在心底。然后，用食指沿着圆形图案重复描画，并告诉自己："这个是圆形。"

注意视线在图案上的停留时间，将图案充分视觉化之后，肚子里的胎宝宝才能"看到"。

认识圆形之后，开始和宝宝一起寻找圆形吧！碗口、杯口、硬币、车轮、井盖、太阳……数之不尽的圆形物体。

小贴士：别忘了告诉可爱的宝宝：妈妈的肚子由于住着个小人儿，所以也是圆圆的哦！

准爸爸学堂：伟大的帝企鹅爸爸

宝宝，一般来说，哺育后代的任务是由雌性完成。但在多姿多彩的自然界，这个艰巨的任务也有由雄性来完成的，比如帝企鹅。

帝企鹅是企鹅家族中身形最大的种类，它们吸引人的地方不仅在于独特的外表，更有趣的是，企鹅蛋是由雄性哺育的。

当企鹅妈妈生下一枚蛋之后，就会去海里寻找食物，补充产后的营养所需。而企鹅爸爸会把蛋拨弄到自己的脚背上，用自己的体温，站立着孵蛋。这么站立着不吃不喝60多天，直到小企鹅破壳而出，企鹅妈妈从海里回来，企鹅爸爸才离开去海里找食物。

在企鹅爸爸孵蛋的这段时间，它要经受严寒、饥饿、自然灾害等严峻的考验，还要面对天敌的威胁。孵蛋结束时，企鹅爸爸的体重已经骤降了一半。宝宝，帝企鹅爸爸是不是很伟大呀？

营养胎教：提高锌的摄取量

孕中期的孕妈妈锌的需求量与之前相比提高了 50%，因此相应地，饮食中锌的摄入量也应该有所提高。

缺锌的危害

在孕中期，如果孕妈妈缺锌，就容易患感冒、肺炎、支气管炎及腹泻等多种疾病，并且孕早期的食欲不振现象也会持续，还会影响到孕妈妈的消化和吸收功能，使其免疫力下降，甚至导致胎宝宝生长发育受限，免疫力下降，先天畸形或严重影响胎宝宝后天的智力发育及记忆力的提高，以及宝宝出生后身材矮小、体重不增、毛发稀少枯黄、皮肤粗糙、味觉功能异常，出现拒食或异食症（如吃泥土或火柴棍、纸张、烟头、沙粒等）。此外，如果孕妈妈锌水平非常低的话，则易出现流产或死胎等严重后果。

多吃含锌丰富的食物

中国营养学会建议，孕妈妈每日的锌摄入量为 20 毫克。锌的来源完全由食物提供。因此，孕妈妈在日常饮食中一定要多吃一些含锌量多的食物，如苹果、蘑菇、洋葱、香蕉、圆白菜、生蚝、牡蛎、动物肝脏、口蘑、黑芝麻及各种坚果等。但需要注意的是，补锌也不要过量。

4.孕21周食谱推荐

胡萝卜苹果奶汁

【材料】胡萝卜80克，苹果100克，熟蛋黄1/2个，牛奶、蜂蜜各适量。

【营养解析】这道蔬果汁含丰富的维生素A、维生素D以及钙、磷等微量元素，对促进胎儿生长发育有很大帮助。

【做法】

苹果去皮、去核；胡萝卜洗净，连同余下的材料一起，放入电动食物粉碎机内，搅打均匀即可。

鸡丝粥

【材料】鸡胸肉50克，大米100克。

【调料】盐适量，鸡汤800毫升。

【营养解析】此粥有滋补五脏、补益气血的功效。

【做法】

①鸡胸肉切成丝。

②大米淘洗干净，放入砂锅内，加入鸡汤、切成丝的鸡胸肉、盐，锅加盖置于火上，煮至成粥即可。离火前撒些油菜或小白菜，营养更佳。

二、孕22周 可以听到你的声音

宝宝，医生告诉妈妈说，这周你的五官已经渐渐长了出来，你现在也是"有鼻子有眼"的啦。我仿佛已经看到了你帅气（美丽）的样子呢！

1.胎宝宝的样子

这一周，胎宝宝的身长已经长到 19 厘米左右，体重大约有 350 克。小家伙的皮肤是红红的，为了方便皮下脂肪的生长，上面皱皱的。胎宝宝的眉毛和眼睑已充分发育，小手指上也已长出了娇嫩的指甲。他的动作也多了起来，尤其是手部和手指的动作，抓小鼻子啊，揉擦小脸啊，有时候还会噘嘴巴，是不是非常有趣啊？

▶ 胎宝宝的眉毛和眼睑开始发育。

2. 孕妈妈的神奇变化

孕 22 周，孕妈妈的体重大约以每周增加 250 克的速度在迅速增长。子宫也日益增大，压迫肺部，由于骤然增加的体重和增大的子宫，使准妈妈的体重越来越重。同时，妊娠激素的分泌会导致手指、脚趾和其他关节部位变得松弛。你的肚脐可能不再是凹下去的，它可能是平的，也可能很快会凸出来。

除了越发严重的妊娠纹，另一种在孕期你可能会注意到的皮肤变化，是一种被称为蜘蛛状血管瘤的东西。它们是一些微红凸起的、带有细小分支的小块。通常会出现在脸、脖子、胸的上部和胳膊上，它们是由孕期增高的雌激素引起的，通常会在生产后自然消失。

斯瑟蒂克提醒：准爸妈必读

换上合适的胸罩

从怀孕到分娩这段时间，孕妈妈的乳房会不断增大，应及时更换合适的胸罩，以免影响到乳房的健康。

更换建议

◎ 选用柔软舒适的纯棉胸罩，以免压迫乳腺、乳头。

◎ 选择有钢托的胸罩，支撑住乳房的重量，以免乳房下垂。

◎ 肩带尽量宽点，扣带要能调节长短；还可以选择专门为孕妈妈设计的胸罩。

3. 胎教时光：触摸美丽的你

宝宝，你知道吗？朋友们都说妈妈又变美了。每次触摸你的时候，妈妈都在想，你是帅气的男孩，还是美丽的女孩呢？

触摸胎教：给小宝宝"施压"

"触压式胎教"可以促进胎宝宝感觉系统的发育，增加宝宝的敏感度。当孕妈妈感受到胎动时，用手指轻轻触压胎动的部位，并与宝宝交流："宝宝，是你吗？你在干嘛呢？"需要注意的是，当腹壁变硬，或者宝宝出现剧烈的震动时，应该停止触压。反之，宝宝轻轻地蠕动做出回应时，则可以继续进行。

语言胎教：我摸到你的小手了

宝宝，今天在路上遇到一个肚子比妈妈大的阿姨，她快要生了哦！我们聊了一会儿，那个阿姨说她的宝宝在肚子里动的时候，可以看到肚子上会出现一个鼓起的包。妈妈现在也有这种感觉，不过没这么明显，你是在蹬腿呢，还是在伸手？我仿佛已经触摸到你肉乎乎的小手了！

音乐胎教：《摇篮曲》（勃拉姆斯）

勃拉姆斯是德国音乐史上最后一个有重大影响的古典作曲家。他的《摇篮曲》常用于小提琴独奏，描绘一种夜色朦胧的景象。听着这首音律优美的曲子，带宝宝一起进入梦乡吧！

故事胎教：国学故事《曹冲称象》

三国时期，东吴的孙权送给魏国的曹操一头大象，曹操带领文武百官和小儿子曹冲，一同去看。当时，所有人都没有见过大象。只见这头大象又高又大，光腿就有大殿的柱子那么粗，人走近去比一比，还够不到它的肚子。

曹操对大家说："这头大象真是大，可是到底有多重呢？你们谁有办法称它一称？"

那时候没有那么大的秤，人也没有那么大的力气把大象抬起来。官员们谁也想不出秤象的办法，都围着大象发愁。这时，从人群里走出一个小孩，对曹操说："父亲，儿有办法，可以称象。"曹操一看，正是他最疼爱的儿子曹冲，就笑着说："你小小年纪，有什么法子？你倒是说来听听。"

官员们嘴里不说，心里却都在想：大人都想不出办法来，一个五岁的小孩子，能有什么办法！

曹冲说："我称给你们看，你们就明白了。"

他叫人牵了大象，跟着他到河边去。他的父亲，还有官员们都想看看他到底怎么个称法，都一起跟着来到河边。

河边正好有只空着的大船，曹冲说："把大象牵到船上去。"

大象上了船，船就往下沉了一些。曹冲说："齐水面在船帮上划一道记号。"记号划好了以后，曹冲又叫人把大象牵上岸来。大家看着，一会儿把大象牵上船，一会儿又把大象牵下船，心里都在纳闷说："这孩子在玩什么把戏呀？"

接着曹冲叫人挑了石块，装到大船上去，挑了一担又一担，大船又慢慢地往下沉了。

等船身沉到刚才刻的那道记号和水面一样齐了，曹冲赶忙说："行了，行了！"

大臣们睁大了眼睛，不由得连声称赞："好办法！好办法！"现在谁都明白，只要把船里的石头都称一下，把重量加起来，就知道象有多重了。

曹操自然更加高兴了。他眯起眼睛看着儿子，又得意洋洋地望望大臣们，好像心里在说："你们还不如我的这个小儿子聪明呢！"

宝宝，听到这个故事你受到什么启发呢？我们要学曹冲，遇到问题多动动脑筋，问题就能迎刃而解啦！

益智卡片：认识数字"4"和字母JKL

首先，孕妈妈先把数字"4"牢牢记在脑海里，一边顺着数字的外形临摹，一边小声念出来，再启发宝宝联想："4"像什么呀？

然后，在脑海里搜索像"4"的物体，如飘扬的旗子、帆船、栅栏，也可以用3根小木棍摆出"4"的造型，加深记忆。

"L"长得像钩子，如鱼钩、衣服钩，还像长柄的雨伞。孕妈妈看着字母，把注意力集中在色彩鲜艳的区域，加深印象。

"K"像个机关枪，还像个竖放的折叠凳子。看这个字母的时候，孕妈妈多注意联想，以加深记忆。

"L"像尺子的一角，还像个锄头，像个桌角等。孕妈妈注意看颜色鲜艳的部分，可以用手指临摹。

准爸爸学堂：星星会从天上掉下来吗？

宝宝，你通过妈妈的眼睛，看到天上一闪一闪的美丽星星了吗？你有没有想过，它们会不会掉下来呀？

答案是不会的。天上的星星都漂浮在宇宙中，所有的星星相互吸引着，不断自转产生离心力，和牛顿发现的万有引力的反方向拉力维持着平衡，所以不会掉下来。

营养胎教：适当补充维生素D，促进胎宝宝骨骼生长

大龄孕妈妈阿枝在近40岁才怀上第一胎，所以阿枝特别小心，自打怀孕起就大门不出、二门不迈，产检时却被医生告知缺钙，要适当补充维生素D。

维生素 D 的作用

维生素 D 是一种脂溶性维生素，它又被称为阳光维生素，适度接受太阳光照射便不会匮乏维生素 D；可以促进维生素 A 的吸收，预防更年期骨质疏松、钙元素流失，具有抗佝偻病的作用；可以促进小肠对钙、磷的吸收，调节钙和磷的正常代谢，维持血液中钙和磷的正常浓度；可以促进人体生长和骨骼钙化，促进牙齿健康。还可以防止氨基酸通过肾脏流失。

缺乏的危害

缺乏维生素 D 时，孕妈妈有可能出现骨质软化。一旦出现骨质软化，骨盆是最先发病的部位，首先出现髋关节疼痛，然后蔓延到脊柱、胸骨、腿及其他部位，严重时会发生脊柱畸形，甚至还会出现骨盆畸形，影响孕妈妈的自然分娩。孕妈妈缺乏维生素 D 还会导致胎儿骨骼钙化不良，影响牙齿萌出，甚至会导致先天性佝偻病。

孕期每日摄取量

维生素 D 的推荐摄入量为孕初期每日 5 微克，孕中期和孕晚期每日 10 微克，孕期维生素 D 的最高摄入量为每日 20 微克。

这样补充维生素 D

鱼肝油是维生素 D 的最佳来源。通常，天然食物中维生素 D 的含量较低，含脂肪高的海鱼、动物肝脏、蛋黄、奶油等相对较多，瘦肉和牛奶中的含量较少。

维生素 D 可通过晒太阳和食用富含维生素 D 的食物等途径来补充。孕妈妈最好每天进行 1~2 小时的户外活动，通过照射阳光来增加维生素 D。

因为季节或地域因素无法晒太阳的话，可以通过口服维生素 D 片剂来补充身体所需，但要谨遵医嘱，切勿过量服用，否则会中毒，其症状有食欲下降、呕吐、恶心、腹泻、腹痛等，且会使胎儿的大动脉及牙齿发育出现问题。

4.孕22周食谱推荐

豆苗蘑菇汤

【材料】绿豆苗50克，口蘑50克。

【调料】高汤、盐、香油、鸡精各适量。

【营养解析】口蘑是很好的补硒食品，它能够预防因缺硒引起的血压升高和血黏度增加，可提高人体免疫力；绿豆苗含有丰富的钙、B族维生素、维生素C和胡萝卜素。这道菜热量低，对孕中晚期的孕妈妈来说，既能补充营养，又能合理控制体重。

【做法】

①将高汤倒入锅中烧至七成热，加入切好的口蘑。

②水开后，加入洗净的绿豆苗。

③待水再次烧开后，加入盐、鸡精、香油调味即可。

番茄炖牛肉

【材料】牛肉、番茄各150克，葱花、姜末各适量。

【调料】盐、酱油、料酒、色拉油各适量。

【营养解析】这道菜富含蛋白质、维生素、钙等营养素，有补脾胃、益气血、补虚弱、壮筋骨的功效，适用于孕妈妈孕早期、中期、晚期及产后调补。

【做法】

①将牛肉、番茄切成块。

②锅内倒入色拉油，放入牛肉块、酱油，炒至变色，放入葱花、姜末、盐、料酒拌炒，加水浸过牛肉，煮开后放入番茄块，炖烂即可。

三、孕23周 就像一个小老头

宝宝，医生跟我说这时候你已经是个小人儿了，需要的钙质会增加，要我多带你去晒晒太阳。妈妈会听医生的话，多带你去外面透透气，你在里面也要乖乖长大哦！

1.胎宝宝的样子

胎宝宝的皮肤红红的，而且皱巴巴的，样子像个小老头。皮肤的褶皱是为了给皮下脂肪的生长留有余地。嘴唇、眉毛和眼睫毛已清晰可见，视网膜也已形成，具备了微弱的视觉。胰腺及激素的分泌正处于稳定的发育过程中。牙龈下面的乳牙的牙胚也开始发育了。

▶ 胎宝宝的眉毛和眼睫毛已清晰可见。

2.孕妈妈的神奇变化

进入到 23 周，准妈妈的子宫已经到脐上约 3.8 厘米的位置，宫高约 23 厘米。体重增加了 7 千克左右。当身体膨胀时，你可能开始感觉到疼痛。由于腹部的隆起，你的消化系统会感觉不舒服，曾经在孕早期出现的胃灼热，现在又来困扰你了。每餐不要吃得过饱，少食多餐会令你舒服一些，饭后散步将有助于消化。另外，有些孕妈妈会感到腹部、腿、胸部、背部变得瘙痒难耐，或瘙痒与黄疸同时存在。如果出现这种情况，一定要到医院就诊，这有可能是妊娠期肝内胆汁瘀积症。

☀️ **斯瑟蒂克提醒**：准爸妈必读

孕妈妈进行适量运动可以有效促进盆腔血液循环，增进机体新陈代谢。

安全性较高的运动有：

🔲 散步

天气适宜时，在亲友的陪同下到空气清新的公园、郊外田野、树林里散步，可以呼吸到新鲜空气，保持心情愉悦。

🔲 游泳

游泳前要做好热身运动，在救生人员的看护下游泳，游 300~400 米即可。可以锻炼腹部、腰部、腿部的力量，增加肺活量，提高身体的协调性。

🔲 体操

可以在散步或工作之余做几节，动作幅度要小，节奏要慢，运动量以不感到疲劳为宜。可以减轻腰腿疼痛，松弛腰部和骨盆的肌肉。

3.胎教时光：珍惜美好的孕育时光

与宝宝的点点滴滴，都那么弥足珍贵，日后回忆起来，都会觉得幸福满满，好好享受这段短暂却真实的幸福时光吧！

触摸胎教：充满爱意的抚摸

孕妈妈用双手轻轻抚摸腹部，并集中注意力，轻柔地跟宝宝说："宝宝，妈妈在摸你呢，你感受得到吗？"抚摸时可以停一下，等待宝宝回应，胎动的那一刻，孕妈妈会幸福无比。

语言胎教：你觉得妈妈漂亮吗？

宝宝，你知道吗？今天妈妈照镜子，觉得比以前更漂亮了！红光满面，精神焕发！你爸爸也说我更漂亮了！宝宝，大家都说，妈妈怀了个漂亮的宝宝，是你把漂亮传递给妈妈了吗？快告诉妈妈，我漂亮吗？

🎵 音乐胎教：儿歌《幸福拍手歌》

如果感到幸福你就拍拍手，

如果感到幸福你就拍拍手，

如果感到幸福就快快拍拍手呀，

看那大家一齐拍拍手。

如果感到幸福你就跺跺脚，

如果感到幸福你就跺跺脚，

如果感到幸福就快快跺跺脚呀，

看那大家一齐跺跺脚。

如果感到幸福你就伸伸腰，

如果感到幸福你就伸伸腰，

如果感到幸福就快快伸伸腰呀，

看那大家一齐伸伸腰。

如果感到幸福你就挤挤眼儿，

如果感到幸福你就挤挤眼儿，

如果感到幸福就快快挤挤眼儿呀，

看那大家一齐挤挤眼儿。

如果感到幸福你就拍拍肩，

如果感到幸福你就拍拍肩，

如果感到幸福就快快拍拍肩呀，

看那大家一齐拍拍肩。

如果感到幸福你就拍拍手，

如果感到幸福你就拍拍手，

如果感到幸福就快快拍拍手呀，

看那大家一齐拍拍手。

儿歌《幸福拍手歌》是一首脍炙人口的儿童歌曲。朗朗上口的儿歌，让孩子感受旋律，跟随欢快的节奏一起律动，能提升宝宝的韵律感。

益智卡片：认识数字"5"

孕妈妈看着这个数字，一边问胎宝宝："这个数字像什么呢？"然后一边顺着"5"的外形用手指临摹，可以找出相似的物品来加深印象，辅助学习和记忆。

准爸爸胎教：为什么树叶在秋天会变颜色？

宝宝，你知道为什么夏天的绿叶到了秋天会变成红色或黄色吗？

这是因为叶绿素在变化。树叶里包含叶绿素、叶黄素、胡萝卜素等色素，除叶绿素以外，其他色素的含量都很少，所以叶子呈现绿色。

叶绿素会受到温度改变而分解。到秋天时，随着降温，叶绿素会分解，绿色会退去，而这时叶黄素、胡萝卜素便会显现出来，所以叶子就会呈现黄色或者红色。

小贴士：准爸爸在讲述百科知识的时候，可以用照片、卡片进行辅助讲述，方便孕妈妈想象，将它们视觉化后，宝宝更容易学习到知识。

营养胎教：增加奶类食品的摄入量

孕 20 周后，胎儿的骨骼生长速度加快；孕 28 周后，胎儿的骨骼开始钙化，仅胎儿体内每日就需摄入约 110 毫克钙。如果孕妈妈的钙摄入量不足，不仅胎儿容易出现发育不良等多种问题，母亲产后的骨密度也会比同龄非孕妈妈降低 16％，并且孕期低钙饮食也会增加发生妊娠高血压综合征的危险。

奶或奶制品富含钙，同时也是蛋白质的良好来源。专家建议，孕妈妈从孕 20 周起，每日至少饮用 250 毫升的牛奶，也可摄入相当量的乳制品，如酸奶、奶酪、奶粉、炼乳等。如果是低脂牛奶，要加量饮用至 450~500 毫升。

4.孕23周食谱推荐

胡萝卜炒猪肝

【材料】猪肝200克，胡萝卜100克，干黑木耳10克，青蒜末1大匙，蒜3瓣，姜1片。

【调料】料酒1大匙，盐、淀粉各1小匙，胡椒粉、植物油各适量。

【营养解析】胡萝卜、猪肝、黑木耳三者搭配食用，可以帮助孕妈妈预防便秘和贫血。

【做法】

①将干黑木耳用温水泡发洗净，撕成小朵备用；将猪肝洗净切片，用料酒、胡椒粉、半小匙盐、淀粉拌匀；胡萝卜洗净、切片备用；姜切丝，蒜洗净切片备用。

②锅内加入植物油烧至八成热，倒入猪肝片，大火炒至变色盛出。

③锅内留少许底油烧热，放姜丝、蒜片爆香，放胡萝卜片、黑木耳、盐翻炒至熟，再放猪肝片、青蒜末，炒匀即可。

田园小炒

【材料】西芹100克，鲜蘑菇、鲜草菇各50克，胡萝卜50克，小番茄5个。

【调料】料酒1小匙，盐少许，食用油适量。

【营养解析】鲜蘑菇营养丰富，其蛋白质含量比一般蔬菜、水果要高；草菇能消食祛热、补脾益气、消暑热。这道菜适合孕中晚期的孕妈妈食用。

【做法】

①将西芹择去叶洗净，切成1寸长的段，入沸水中余烫一下，捞出沥干。

②将鲜蘑菇、鲜草菇、小番茄分别洗净，切块；将胡萝卜洗净，切成料花。

③锅内放油烧热，依次放入芹菜段、胡萝卜片、蘑菇块、草菇块，翻炒均匀。

④烹入料酒，加入盐调味，大火爆炒2分钟左右，最后加入小番茄块，翻炒均匀即可。

四、孕24周 身体比例开始变得匀称

亲爱的宝宝，医生说，从这周开始，你的听力和呼吸系统都在迅速地发展，妈妈仿佛能感觉到，你与我在一起呼吸呢！妈妈会多去空气清新的地方，把洁净的空气带给你哦。

1.胎宝宝的样子

24 周时的胎宝宝大约已有820 克，30 厘米长。除了听力有所发展外，呼吸系统也正在发育。尽管他还在不断吞咽羊水，但是通常并不会排出大便（那得等到出生以后了）。

6 个月时，胎宝宝的听力几乎和成人相等，外界的声音都可以传到子宫里。但是胎宝宝喜欢听节奏

▶胎宝宝的呼吸系统正在发育。

平缓、流畅、柔和的音乐，讨厌快节奏的音乐，更害怕各种噪声。胎动也越来越明显了。

2.孕妈妈的神奇变化

进入孕 24 周，子宫现在约在肚脐上 3.8~5.1 厘米的位置，从耻骨联合量起，约有 24 厘米，凸痕非常明显，很难隐藏了。随着体重的大幅增加，支撑身体的双腿肌肉疲劳加重，隆起的腹部压迫大腿的静脉，使身体越来越沉重。有些孕妈妈会感到腰部和背部容易疲劳，甚至腰酸背疼。有时孕妈妈还会感觉眼睛发干、畏光，这些都是正常的现象，不必担心。如果经常感觉头晕，要及时告诉医生，这可能是贫血的征兆。

斯瑟蒂克提醒：准爸妈必读

　　糖尿病是由于体内参与糖代谢的胰岛素不足所造成的。孕妈妈要承担自身和胎儿两方面的糖代谢，对胰岛素的需求量也增加了。孕中晚期，孕妈妈对胰岛素的利用率越来越低，导致胰岛素相对不足，产生糖代谢障碍。

预防和应对糖尿病

　　◎ 孕妈妈应在孕 24～28 周进行"糖筛"，以便及早发现妊娠糖尿病，及时开始治疗。大多数发现早的孕妈妈通过饮食控制就可以将血糖维持在正常水平。

　　◎ 粗杂粮，如莜麦面、荞麦面、燕麦片、玉米面等含有多种微量元素、B 族维生素和膳食纤维，有延缓血糖升高的作用，可用玉米面、豆面、白面按 2：2：1 的比例做成三合面馒头、烙饼、面条长期食用，既有利于降糖降脂，又能减少饥饿感。

　　◎ 可以适量食用牛奶、鸡蛋等低嘌呤食品。

　　◎ 适当吃豆制品，豆制品吃多了会加重肾脏的负担，诱发糖尿病、肾病。

　　◎ 严格控制糖果、饼干、红薯、马铃薯、粉皮等高碳水化合物食品的摄入。

　　◎ 适当减少高甜度水果的食用。

3.胎教时光：分享简单的快乐

有人说，快乐分享之后会放大，能收获更大的快乐。宝宝，爸爸妈妈有开心的事情会第一时间跟你分享，你听到我们轻轻拍打的时候就要留心听讲哦，你听到后也会乐呵呵的。以后你有开心的事情，也不要忘记跟爸爸妈妈分享呀！

触摸胎教：想象着抱着宝宝

孕妈妈仰卧在床上，全身放松，呼吸匀称，双手轻轻放在肚子上，如怀里抱着宝宝一样，从左到右，从上到下反复轻柔抚摸。想象着抱着宝宝，深情地对他说："宝宝，妈妈真爱你啊！"这种"怀中抱月"的方式会产生真实的幸福感和喜悦感，因为宝宝正享受着你的拥抱呢！

故事胎教：童话《萝卜回来了》

孕妈妈对宝宝的爱的教育不妨从胎儿期开始吧。若是此时孕妈妈正处于冬天，给胎宝宝讲这个故事再合适不过，因为这个故事实在太暖人心扉了。

雪这么大，天气这么冷，地里、山上都盖满了雪。小白兔没有东西吃了，饿得很。

他跑出门去找。小白兔一面找一面想："雪这么大，天气这么冷，小猴在家里，一定也很饿。我找到了东西，去和他一起吃。"

小白兔扒开雪，嘿，雪底下有两个萝卜。他多高兴呀！

小白兔抱着萝卜，跑到小猴家，敲敲门，没人答应。小白兔把门推开，屋里一个人也没有。原来小猴不在家，也去找东西吃了。

小白兔就吃掉了小萝卜，把大萝卜放在桌子上。

这时候，小猴在雪地里找呀找，他一面找一面想："雪这么大，天气这么冷，小鹿在家里，一定也很饿。我找到了东西，去和他一起吃。"

小猴扒开雪，嘿，雪底下有几颗花生。他多高兴呀！

小猴带着花生，向小鹿家跑去。跑过自己的家，看见门开着。他想："谁来过啦？"他走进屋子，看见萝卜，很奇怪，说："这是哪儿来的？"他想了想，知道是好朋友送来的，就说："把萝卜也带去，和小鹿一起吃！"

小猴跑到小鹿家，门关得紧紧的。他跳上窗台一看，屋子里一个人也没有。原来小鹿不在家，也去找东西吃了。小猴就把萝卜放在窗台上。

这时候，小鹿在雪地里找呀找，他一面找一面想："雪这么大，天气这么冷，小熊在家里，一定也很饿。我找到了东西，去和他一起吃。"

小鹿扒开雪，嘿，雪底下有一棵青菜。他多高兴呀！

小鹿提着青菜，向小熊家跑去。跑过自己的家，看见雪地上有许多脚印，他想："谁来过啦？"他走近屋子，看见窗台上有个萝卜，很奇怪，说："这是从哪来的？"他想了想，知道是好朋友送来给他吃的，就说："把萝卜也带去，和小熊一起吃！"

小鹿跑到小熊家，在门外叫："开门！开门！"屋子里没有人答应。原来小熊不在家，也去找东西吃了。小鹿就把萝卜放在门口。

这时候，小熊在雪地里找呀找，他一面找一面想："雪这么大，天气这么冷，小白兔在家里，一定也很饿。我找到了东西，去和他一起吃。"

小熊扒开雪，嘿，雪底下有一只白薯。他多高兴呀！

小熊拿着白薯，向小白兔家跑去。跑过自己的家，看见门口有个萝卜，他很奇怪，说："这是从哪来的？"他想了想，知道是好朋友送来给他吃的，就说："把萝卜也带去，和小白兔一起吃！"

小熊跑到小白兔家，轻轻推开门。这时候，小白兔吃饱了，睡得正甜哩。小熊不愿吵醒他，把萝卜轻轻放在小白兔的床边。

小白兔醒来，睁开眼睛一看："咦！萝卜回来了！"他想了想，说："我知道了，是好朋友送来给我吃的。"

益智卡片：认识数字"6"

孕妈妈先把这个数字的外形记在心里，用手指临摹，轻声念出这个数字的发音。联想一下有什么与"6"相似的呢？口哨、樱桃、梨……

生活中常用到的"6"有：六弦琴、6个人、6只眼睛、6个手指、1个四方体有6个面等。

准爸爸胎教：给宝宝唱首童谣吧

小老鼠，上灯台。偷油吃，下不来。喵喵喵，猫来了，叽里咕噜滚下来。

吟唱这首童谣时，准爸爸是不是想起幼时在妈妈怀里的欢乐光阴呢？把这份快乐的心情，传递给宝宝吧！

小贴士：准爸爸要热情洋溢地颂唱，将小老鼠匆忙慌张的样子和小猫的神气威风表现出来，通过准妈妈把快乐传递给宝宝。

营养胎教：适当多吃些全麦食品

全麦食品包括纯麦片、全麦饼干、全麦面包等。麦片可以让孕妈妈保持较为充沛的精力，还能降低体内胆固醇的水平。全麦饼干细细咀嚼能够有效缓解妊娠呕吐，全麦面包则可以提供丰富的铁和锌。

4.孕24周食谱推荐

凉拌双耳

【材料】黑木耳150克，银耳150克，枸杞子适量。

【调料】鸡精、盐、香油、胡椒粉各适量。

【营养解析】此道菜具有滋阴补肾、益气养阴的功效。

【做法】

①黑木耳、银耳、枸杞子用开水泡发，除去杂质，洗净，盛入汤盆中。

②再加入盐、鸡精、胡椒粉、香油拌匀装盘即可。

蜜枣桂圆茶

【材料】桂圆肉、大枣各50克。

【营养解析】大枣具有补脾和胃、益气生津的功效，桂圆肉具有安神、补气血和润肤美容的功效。此茶适用于孕中期的孕妈妈心血虚、虚火内扰、心悸、失眠、健忘、神倦等症。

【做法】

将桂圆肉、大枣加水同煮成汁即可。

CHAPTER 7

THE SEVENTH MONTH OF PREGNANCY

第七章

孕7月（25～28周）：妈妈的故事胎教

讲故事给胎儿听。自己必须先了解故事的内容，然后用丰富的想象力，把故事说给胎儿听。讲故事时，声调要富有感情，不要单调乏味。

——实子·斯瑟蒂克

一、孕25周 大脑发育进入一个高峰期

宝宝，医生说，从这周开始，你的味蕾逐渐形成，也就是说，你开始尝得出美味了。妈妈真开心啊，从今天起，妈妈会多吃一些健康美味的食品，宝宝，你开心吗？

1.胎宝宝的样子

此时，胎宝宝的体重稳定增加，皮肤很薄，而且有不少皱纹，几乎没有皮下脂肪，全身覆盖着一层细细的绒毛。其身体在妈妈的子宫中已经占据了相当多的空间，开始充满整个子宫。

▶ 胎宝宝的身体在妈妈的子宫中已经占据了相当多的空间。

2.孕妈妈的神奇变化

这周，准妈妈的子宫又变大了不少，从侧面看，肚子大得更明显了，子宫底上升至脐上三横指处。你可能感到精神状态又回到了孕早期，疲劳、头晕，频繁地去卫生间。由于胎儿的增大，腹部越来越沉重，腰腿痛更加明显。由于你体内男性荷尔蒙的增加，你身上的体毛会更粗、更黑。你会感觉头发增多了，浓密并且有光泽。怀孕期间孕妈妈患糖尿病的很多，但是不必太惊慌，只要你在医生的指导下，适当地用饮食或药物来控制病情的话，你也可以生一个健康的小宝宝。

☀ **斯瑟蒂克提醒**：*准爸妈必读*

进入孕晚期，孕妈妈的身材越来越臃肿，活动也比较困难，因此，要注意掌握以下安全细则：

🔲 **站立姿势**：站立时，孕妈妈应选择舒适的姿势。比如，收缩臀部，就会体会到腹腔肌肉支撑脊椎的感觉。

🔲 **起身站立**：起身站立时，要缓慢有序，以免腹腔肌肉过分紧张。仰躺着的孕妈妈起身前要先侧身，肩部前倾，屈膝，然后用肘关节支撑起身体，盘腿，以便腿部从床边移开并坐起来。

🔲 **坐姿**：孕妈妈正确的坐姿是要把后背紧靠在椅子背上，必要时还可以在背后放一个小背垫。

🔲 **俯身弯腰**：孕妈妈要尽量避免俯身弯腰的动作，以免给脊椎造成重负。如果孕妈妈需要从地面捡拾起什么东西，俯身时不仅要慢慢轻轻地向前，还要屈膝，同时把全身的重量分配到膝盖上。

3.胎教时光：感恩的心

宝宝，你知道吗？怀了你之后，我才体会到做母亲是多么艰辛，多么不容易。宝宝，爸爸妈妈这么爱你，你以后也要对我们好呀！要快点长大，来保护爸爸妈妈哦！

故事胎教：国学故事《琴瑟和鸣》

宋代著名女词人李清照18岁那年，嫁给了太学生赵明诚。赵明诚是位翩翩公子，博览群书，酷好书画，尤其擅长金石鉴赏。他的父亲官至宰相，也是书香门第。二人门当户对，意趣相投，时常诗词唱和，共同研究金石书画。

结婚时，赵明诚21岁，在太学读书，还没有收入。夫妻二人节衣缩食，经常典当衣物，到大相国寺搜罗金石书画。一旦发现难得的古物却囊中羞涩，赵明诚会毫不犹豫地脱下衣服作抵押。回到家中，夫妻二人灯前对坐，说说笑笑，摩挲玩赏，充满浪漫与温馨。

闲暇之时，他们赏花赋诗，倾心而谈，有时还会玩些智力游戏。他们斟上香茶，随意说出某个典故，猜它出自哪本书的第几卷、第几页、第几行。猜中的人可以喝茶，猜不中的人只能光看着。

每次比赛，李清照总是赢。当赵明诚抽书查证时，李清照已经满怀自信地举杯在手，开怀大笑，笑得茶水都溅出了杯子。

后人就把李清照和赵明诚这种恩爱情浓的感情比喻为"琴瑟和鸣"，意思是像琴和瑟一样互相呼应，互相赏析。

语言胎教：我们来玩踢肚子游戏吧！

亲爱的宝贝，我们一起来玩踢肚子游戏吧。

孕妈妈与胎宝宝的互动游戏，让胎宝宝在潜意识里感知到孕妈妈对他的关注，同时，动作训练可以刺激胎宝宝的运动积极性和动作灵敏性。

当胎宝宝踢孕妈妈的肚皮时，孕妈妈应迅速反应，轻轻拍打一下被踢的部位，然后静静地等待小家伙的第二脚。一般在一两分钟后，胎宝宝会再踢，这时再轻拍几下。

这样反复几次后，停下来。孕妈妈试着改变拍的地方，神奇的是，胎宝宝会向你改变的地方再踢，此时要注意改拍的位置不要离原胎动的位置太远。

为提高踢肚子游戏的趣味性，准爸爸也可以加入进来，在胎宝宝积极地踢孕妈妈的肚皮时，准爸爸也轻拍一下，并对他说："小宝宝，猜猜哪只手是爸爸的？"注意，这种亲子游戏最好在每晚临睡前进行，此时胎儿的活动最多。游戏的时间不宜过长，一般每次10分钟即可，以免胎儿过于兴奋。

同样，如果你有不规则的子宫收缩、腹痛、先兆流产或先兆早产的情形，不宜进行抚摸胎教，以免发生意外。如果曾有过流产、早产、产前出血等不良产史，也不宜进行抚摸胎教，可用其他胎教方法替代。

音乐胎教：《玩具兵进行曲》（莱昂·耶赛尔）

《玩具兵进行曲》据说是作曲家回忆起小时候做的一个甜蜜的梦，用梦境里的故事写成。内容是这样的：晚上，小主人睡觉了，玩具兵们一个个从玩具箱里偷偷爬了出来。他们先排列成整齐的队伍游行，后来又打闹嬉耍。正当天刚蒙蒙亮的时候，小主人醒了，玩具兵们惊慌地逃回玩具箱子里。小主人起床，打开箱子一看，玩具们东倒西歪地躺在里面。呵！原来刚才是一场美丽的梦。听着这首动人的乐曲，与宝宝一起进入梦乡吧！

益智卡片：认识数字"7"

孕妈妈集中注意力，观察卡片中色彩鲜艳的地方，一边用手临摹图案，并读出来告诉宝宝："这是数字7。"多次重复加深印象。

然后进行联想。这个数字像什么？像不像农民伯伯锄地的锄头？像不像樵夫砍柴的斧头？像不像渔夫的钓竿？孕妈妈还可以让宝宝知道，6+1就是7，3+4也是7，并辅助道具讲述。

小贴士： 孕妈妈可以提示胎宝宝，字母L与倒立的7很像，也可以结合北斗七星等。

准爸爸学堂：分享爸爸的开心

胎宝宝对奇妙的世界充满好奇，准爸爸作为宝宝的守护神，也是宝宝非常想熟悉了解的哦！准爸爸可以把生活中的点滴与宝宝分享。例如，工作中取得的成果，周末钓到大鱼，与孕妈妈外出游玩时遇到有趣的事情，都可以与宝宝一起分享。因为宝宝也是家庭里重要的一员，他很乐意倾听爸爸的快乐哟！

营养胎教：调理饮食，控制体重

实践证明，胎儿出生时的体重与孕妈妈孕前体重以及妊娠期体重增长呈正比，前者高，后者就高；前者低，后者也低。因此，可以通过孕妈妈体重的增长情况来估计胎儿的大小以及评估孕妈妈的营养摄入是否合适。

一般来讲，如果孕妈妈孕期体重增长过多，就提示孕妈妈肥胖和胎儿生长过快（水肿等异常情况除外）；如果体重增长过少，胎儿则可能发育不良。胎儿体重超过4千克（巨大儿）时，分娩困难以及产妇产后患病的概率就会增加。如果胎儿体重过低，其各脏器的功能和智力都可能受到影响。事实证明，胎儿出生时的适宜体重为3~3.5千克，孕妈妈整个孕期体重增长平均为12.5千克为宜（孕前体重过低者可增加15千克，孕前超重者应增加10千克）。

孕妈妈肥胖可导致分娩巨大胎儿，并造成妊娠糖尿病、妊娠期高血压、剖宫产、产后出血情况增多等，因此，妊娠期一定要合理膳食，平衡营养，不可暴饮暴食，注意防止肥胖。已经肥胖的孕妈妈，不能通过药物来减肥，可在医生的指导下，通过调节饮食来控制体重。

肥胖孕妈妈的饮食要注意下面几点：

养成良好的饮食习惯。肥胖孕妈妈要注意规律饮食，按时进餐。不要选择饼干、糖果、瓜子仁、油炸马铃薯片等热量高的食物作零食。睡前不宜吃食物。

控制进食量和进食种类。主要控制糖类食物和脂肪含量高的食物，米饭、面食等粮食均不可超过每日标准供给量。动物性食物中可多选择脂肪含量相对较低的鸡、鱼、虾、蛋、奶，少选择含脂肪量相对较高的猪肉、牛肉、羊肉，并可适当增加一些豆类，这既可以保证蛋白质的供给，又能控制脂肪量。少吃油炸食物、坚果、植物种子类食物，这类食物的脂肪含量也较高。

多吃蔬菜和水果。主食和脂肪的进食量减少后，往往饥饿感会较强烈，孕妈妈可多吃蔬菜和水果，但注意要选择含糖分少的水果，这样既可缓解饥饿感，又可增加维生素和有机物的摄入。

4.孕25周食谱推荐

胡萝卜姜丝熘白菜

【材料】胡萝卜1根，大白菜300克，姜丝适量。

【调料】白醋1大匙，白糖半大匙，盐、鸡精各少许，水淀粉、食用油各适量。

【营养解析】白菜中的纤维素不但能起到润肠、促进排毒的作用，还能促进人体对动物蛋白的吸收。孕妈妈常吃这道菜可以预防便秘及痔疮。

【做法】

①大白菜洗净去叶切薄片，下入沸水焯烫，捞出沥干水分。

②胡萝卜洗净切片。

③炒锅上火烧热，加适量底油，用姜丝炝锅，放入白菜片、胡萝卜片煸炒，加入白醋、白糖、盐、鸡精调味，用水淀粉勾芡，出锅装盘即可。

青椒炒腰花

【材料】猪腰300克，青椒100克，姜、胡萝卜各50克，蒜2瓣，葱1根。

【调料】生抽半大匙，米酒2小匙，盐、鸡精、料酒、蚝油各1小匙，香油、植物油各适量。

【营养解析】这道菜富含维生素C和维生素A，能增进食欲，预防便秘和消化不良。

【做法】

①猪腰洗净切腰花，用半小匙盐、生抽、米酒腌渍15分钟；青椒去蒂洗净切片；姜、胡萝卜切料花，葱、蒜切末。

②锅内加入植物油烧至五成熟时，倒入腰花滑油断生，捞出控油；锅中留少许底油烧热，放入姜花、蒜末、葱末爆香，加入青椒片、胡萝卜料花、盐炒至八成熟，倒入腰花，加料酒、鸡精、蚝油炒匀，最后淋入香油即可。

二、孕26周 开始有了呼吸

宝宝，医生说，这周你已经能够睁开眼了，并有了呼吸动作。你现在在观察妈妈的肚子吗？这个"家"跟你想象的有什么不同？喜欢妈妈的肚子吗？

1.胎宝宝的样子

胎宝宝的体重在 1000 克左右，身长约为 32 厘米。这时，皮下脂肪开始出现，胎宝宝全身覆盖着一层细细的绒毛。

▶胎宝宝的体重在1000克左右。

2.孕妈妈的神奇变化

现在孕妈妈子宫的高度大约已经到了肚脐上 6 厘米的位置，从耻骨联合量起约为 26 厘米。如果按照正常标准，体重应该已经增加了 10 千克。部分孕妈妈腹部和乳房处的皮肤会长出妊娠纹，这是皮肤伸展的标记，可以通过按摩和使用滋润乳液进行预防和缓解。另外，如果你的背部近来有点疼，这就是孕期和激素在起作用了，它会松弛你的关节和韧带，为分娩做准备。

☀ **斯瑟蒂克提醒**：准爸妈必读

妊娠晚期如果不注意调理的话，容易患上妊娠期高血压综合征，威胁胎儿健康。

预防和应对妊娠期高血压综合征的方法有：

🔲 生活调理

保持心情舒畅、精神放松，卧床休息时，尽量采取左侧卧位；进行产前检查。

🔲 饮食调理

控制热量和盐的摄入，保证足够的优质蛋白质和必需脂肪酸，多吃蔬菜、水果等。

3.胎教时光：期待与你相遇

不知不觉，孕育时光又过了一周，想起最初怀孕时仿佛昨日。宝宝，你感受到妈妈的欣喜了吗？真期待与你相遇的那一刻！

故事胎教：童话《小水滴与大海》

孕妈妈给小宝宝来个动听的故事吧。下面这个故事，可以教会我们的宝宝，个人和集体是共存的，要关爱他人，关爱集体，做一个勇于担负集体责任的乖宝宝哦！

大海是由无数颗小水滴组成的。

有一天，风雨交加，原本平静安详的大海一下子变得波涛汹涌，浪花涌上海岸。一天一夜过去了，风停了，雨止住了，大海退潮了，浪花们回家了。

可是有一颗小水滴却被遗忘在岸上了。这颗小水滴的名字叫方方，她很着急，因为太阳一出来她就会被蒸发掉，于是她就伤心地哭了起来。

小水滴玉玉听到方方的哭声，就跑了过来。方方带着哭腔向玉玉讲述了一切，玉玉听后不知所措，只好把这个消息告诉了海里所有的小水滴。

海里的小水滴们一时都不知该怎么办，于是它们一起找小水滴中的机灵鬼同同，同同听了以后眼睛一转，然后微微一笑，大家都知道同同有办法了。

同同不慌不忙地说："办法还是有的，但我不告诉你们。"

路路听了生气地说："不说就不说，我们自己想办法去，不理你了！"说完，转身就走。

同同看到大家不理自己了，就急急忙忙地追上去说："不就是开个玩笑嘛，你们不就是想知道这个办法吗，这个好说。"

路路立刻转怒为喜："那你快说吧！"

同同笑着说："我的办法是这样的，先把我们分成三个小组，第一个小组去求风姐姐刮风，第二个小组去求雨伯伯下雨，第三个小组准备等刮风下雨的时候把方方给接回海里。"

大家都同意了。

第一个小组在玉玉的带领下成功地完成了任务，可是雨伯伯可不像风姐姐那么好说话了，硬是要路路把来龙去脉说个明白，路路只好简单地说了一遍，雨伯伯这才点点头，同意帮大伙的忙。

不一会儿，天就刮起了大风下起了雨来，海水涌上海岸，等海水退潮的时候，方方已经被朋友们送到了安全的地方。

方方热泪盈眶，感动得快说不出话来了："谢谢，谢谢你们，是你们，是你们，救了我的命。"

大家齐声说道："没关系，这是我们应该做的，我们是一个集体嘛！"

音乐胎教：《好一朵茉莉花》

好一朵茉莉花，好一朵茉莉花，

满园花草，香也香不过它；

我有心采一朵戴，看花的人儿要将我骂。

好一朵茉莉花，好一朵茉莉花，

茉莉花开，雪也白不过它；

我有心采一朵戴，又怕旁人笑话。

好一朵茉莉花，好一朵茉莉花，

满园花开，比也比不过它；

我有心采一朵戴，又怕来年不发芽。

这首曲子委婉中带着刚劲，细腻中含着激情，灵动中蕴含坚定，是一首悦耳动听的好歌曲。

美学胎教：名画欣赏《婴孩的爱抚》（玛丽·卡萨特）

宝宝，现在我们看到的这幅油画叫《婴孩的爱抚》，出自美国女画家玛丽·卡萨特之手。画中描绘了母子常见的日常形象：赤裸的婴孩舒适地躺在母亲的怀中，用一只肉乎乎的手去触摸母亲的脸，母亲则安详地顺着孩子的手，吻着孩子的掌心。

画家捕捉了生活中既常见又打动人的母子生活的瞬间，表达出浓浓的母爱，扣人心弦。

益智卡片：认识扇形和字母STUV

宝宝，今天我们来认识扇形。孕妈妈一边用手指临摹卡片上的图形，借助一些道具，念出扇形，并将它们视觉化，传递给宝宝。然后，用联想的办法，什么和扇形比较相像呢？大家最先想到的是扇子，除了扇子还有很多，例如贝壳、树叶。孕妈妈还可以用积木叠出个扇形，帮助宝宝理解。

接下来，孕妈妈要调整好心情，又回到了学习字母的时间了。

"S"像一条弯弯曲曲的河流，一条扭动身体的虫子，还像一个钩子……

"T"像个钉子，还像个杜子，也像个衣服架子……

"U"像个大水缸，还像篮子的提手，椅子的靠背也很像哟……

"V"像个小漏斗，也像个矛尖，还像个缺少一个边的三角形……

准爸爸学堂：雨来自哪里？

天空乌云密布，不一会儿，天空就像捅了个篓子，雨水哗哗哗落个不停。那么，雨是从哪来的呢？

地面温度高，高空温度低，湖泊河流里的水经过太阳照射后升温，变成水蒸气飘上高空中，遇冷凝结，会变成无数水滴或冰晶。

小水滴和小冰晶们聚集在一起，变成一朵朵云，云会不断合并，当云中的水滴和冰晶越来越多、越来越重的时候，云朵托不住她们，只好往下落。下落到接近地面时，由于地面温度比较高，原本的冰晶会融化为水滴，也就是我们看到的雨。

营养胎教：补充DHA，促进胎儿脑部发育

从孕期 18 周开始直到产后 3 个月，是胎宝宝大脑中枢神经元分裂和成熟最快的时期，持续补充高水平的 DHA，将有利于宝宝的大脑发育。

DHA 的作用

DHA 是一种不饱和脂肪酸，和胆碱、磷脂一样，都是构成大脑皮层神经膜的重要物质，它能促进大脑细胞，特别是神经传导系统细胞的生长、发育，维护大脑细胞膜的完整性，促进脑发育，提高记忆力，故有"脑黄金"之称。DHA 还能预防孕妈妈早产，增加胎儿出生时的体重，保证胎儿大脑和视网膜的正常发育。

缺乏的危害

如果母体摄入 DHA 不足，胎儿的脑细胞膜和视网膜中脑磷脂质就会缺乏，对胎儿大脑及视网膜的形成和发育极为不利，甚至会造成流产、早产、死产和胎儿宫内发育迟缓。

这样补充 DHA

富含不饱和脂肪酸类的食物，如核桃仁等坚果类食品在母体内经肝脏处理能生成 DHA。此外，也可以多食用海鱼、海虾、鱼油、甲鱼等，这些食物中 DHA 的含量较为丰富，有助于胎儿脑细胞的生长及健康发育。如果对鱼类过敏或者不喜欢鱼腥味，孕妈妈可以在医生的指导下服用 DHA 制剂。孕妈妈每日 DHA 的摄取量以 300 毫克为宜。

4.孕26周食谱推荐

丝瓜鲜菇鸡丝面

【材料】挂面、鸡胸肉各100克，丝瓜、白菇各50克，葱花适量。

【调料】酱油、盐、香油、食用油各适量。

【营养解析】面类的糖含量较高，但并非不能吃，搭配一些低糖、降糖的蔬菜，控制好蔬菜与面的比例和数量，同样可以起到平衡血糖的作用。

【做法】

①将鸡胸肉洗净，用水煮熟，顺着纤维方向撕成丝，备用。

②将丝瓜去皮洗净，切片；白菇洗净，挂面煮熟放碗中。

③锅中倒油烧热，煸香葱花，放白菇、丝瓜略炒，加酱油和适量水烧开，加盐调味后倒入面碗，淋香油即可。

豆芽平菇汤

【材料】豆芽、平菇各100克。

【调料】盐2匙，鸡精、香油各适量。

【营养解析】常食平菇不仅能起到改善人体新陈代谢的作用，而且有调节自主神经的作用。

【做法】

①豆芽择洗干净；平菇洗干净，用手撕成条。

②锅置火上，放水烧开，放入豆芽余烫约3分钟，再加入平菇条略余烫2分钟，加盐、鸡精调味，熟后淋入香油即可。

三、孕27周 长出了短短的胎发

宝宝，医生说，这周你的听力更加灵敏了，可以多和你聊聊天。宝宝，妈妈感受到你是个善于倾听的孩子，每次跟你讲故事，你都是静静地倾听呢！

1.胎宝宝的样子

27周的胎宝宝可以看到胎头上长出了短短的胎发。男孩的睾丸尚未降下来，女孩的小阴唇已开始发育。这时，胎宝宝的听觉神经系统也已发育完全，对外界声音刺激的反应更为明显。气管和肺部还未发育成熟，但是呼吸动作仍在继续。

▶ 胎宝宝的头上长出了短短的胎发。

2.孕妈妈的神奇变化

胎儿的重量使你的后背受压，引起下后背和腿部的剧烈疼痛。孕中期末，子宫在肚脐以上约7厘米的位置，如果从耻骨联合量到子宫底部大约27厘米。在本周，你的羊水量下降了一半。当宝宝踢腿和转身时，你甚至可能看见胎宝宝骨骼较大的膝盖和肘部从你的腹部鼓起一个小包。如果别人在旁边盯着你看，也可以看得到。

现在，你还可能出现胸部和腹部的萎缩纹。自己洗脚、系鞋带都很困难。你的腿部抽筋很可能会越来越严重。腿部抽筋一般发生在晚上，但在白天也有可能发生。伸展小腿肌肉，脚趾向前伸直，然后向胫骨处勾脚，能够起到一定的缓解作用。

斯瑟蒂克提醒：准爸妈必读

这周，孕妈妈可以根据自身的情况来规划自己的产假，可以从以下几个方面考虑：

家庭经济方面

突然失去部分收入会不会影响到家庭生活？

情绪管理方面

怎么处理好工作和家庭的关系？

家庭支持方面

家人对你请产假的态度如何？

职场竞争方面

产假后能否应对工作落差？

公司运营方面

公司没有你是否影响运营？你的福利待遇会不会有所不同？

亲子关系

有没有合适的人照顾宝宝？你舍得放下宝宝吗？

3. 胎教时光：与你相伴

宝宝，与妈妈做伴这么久，你快乐吗？妈妈很快乐，以你相伴的点滴都让我感觉充实、幸福无比。

故事胎教：童话《小蝌蚪的梦想》

下面我们来探寻小蝌蚪的梦想！小宝贝有梦想吗？有就要努力把它实现哦！

在水中，一个透明的、像葡萄粒一样光滑又柔软的小房子里，小蝌蚪在慢慢长大。渐渐长大的小蝌蚪看着身边的世界，真想快点儿出去。半个月过去了，小蝌蚪终于有了足够的力气。一天，他一用劲儿，嗬，圆圆的小脑袋探出来了。慢慢地，又是半个月过去了，奇妙的事情发生了——小蝌蚪长长的尾巴旁边长出了两条细细的小腿！满心欢喜的小蝌蚪向岸上望去——哇！小蝌蚪吃惊得张大了嘴，他见到什么样的景象啊——绿油油的草铺得无边无际，像是一床漂亮又柔软的被子。而且，这被子上还有那么多五颜六色的花朵，互相牵着手，在风中跳舞。

"唉，要是我能在那漂亮的花瓣上待一会儿，该多好啊！"小蝌蚪出神地想着。小蝌蚪嘟着小嘴儿去问阔尾鱼叔叔："叔叔叔叔，陆地上好漂亮啊，请你告诉我，如果我长大了，有了好多力气，是不是就能到陆地上去了？""呵呵，"阔尾鱼叔叔笑着回答，"能，只要有梦想，并努力去做，就一定能实现。你要耐心地等待自己长大。"一个月后，又有一些奇妙的事情不知不觉地发生了——后腿长出来不久，小蝌蚪的前腿也长出来了。而那小尾巴呢，早就摸不到了。仅仅两个月的时间，小蝌蚪就真的长大了，长成了一个结实漂亮的帅小伙！现在的他褪去了那一身黑衣，换上了绿色的新袍。还有一个白白的大肚皮。四肢既能游泳又能跳跃，非常有力量。"孩子，现在你才真正的长大了，不再是一只小蝌蚪，而是一只强壮健美的青蛙了！"阔尾鱼叔叔这样告诉他。"噢，我长大了！真的长大了！我可以到陆地上去了！"

小蝌蚪的梦想终于变成了现实。他弓起身，快活地向草丛中跃去。

音乐胎教：《月光奏鸣曲》

这首作品是目前在听众中最为流行的钢琴奏鸣曲之一，而它的颇具文学色彩的标题也给人带来了无尽的遐想。是贝多芬所作乐曲中最具有独创性，也是最充满灵感和感情、最震撼人心的一首幻想曲一样的奏鸣曲，感人的力量以及最具浪漫情怀的激情充斥着整首奏鸣曲，在音乐界被广为流传。其中，第三乐章中，包含着贝多芬暴风骤雨一样激荡的情感和复杂矛盾的内心思想，是最具有丰富表现力的一章。

情绪胎教：通过情感调节来促进胎宝宝的记忆

很多妈妈都有这样的体会，刚出生的宝宝哭闹不止时，将宝宝贴近妈妈的胸口，妈妈心跳的声音传到宝宝耳朵里，宝宝就会立即停止哭闹，安静入睡。这是因为胎儿对妈妈的心跳声有记忆，当听到熟悉的心跳声音时，会产生一种安全感，哭闹立刻停止。

研究表明，胎儿对外界激励行为的感知体验将会长期保留在记忆中直到出生，而且对婴儿将来的智力、能力、个性等有很大影响。由于胎儿在子宫内通过胎盘接受母体供给的营养和母体神经反射传递的信息，使胎儿脑细胞在分化、成熟过程中不断接受调节与训练。因此，孕期母体的情感调节与子女记忆形成、才干发展有很大关系。

益智卡片：认识数字"8"

孕妈妈看着卡片，盯着卡片上颜色鲜艳的地方，静静地把这个数字记在心底。然后进行联想，"8"像什么呢？两个摞在一起的小圆圈，两个字母"s"对合，一个葫芦，一个麻花等。孕妈妈还可以在面前摆出8块小饼干，把它们反复数出来。

准爸爸学堂：为妈妈拍套纪念照

孕妈妈看着自己"威武"的大肚子，是不是很得意？这可是人生中很难得的骄傲时刻，一定要拍下来，以后才能和自己的宝宝一起分享怀孕时的快乐和幸福。

这个光荣而伟大的任务当然由准爸爸来完成，要知道这是很荣幸的哦！拿起相机，充满爱意地拍一套孕妈妈的写真集吧！

营养胎教：温热补品不宜过量食用

不少孕妈妈经常吃些人参、桂圆之类的补品，以为这样可以使胎儿发育得更好。其实，这类补品对孕妈妈和胎儿都是利少弊多，有可能造成以下不良后果。

容易出现"胎火"。 中医认为，妊娠期间，女性月经停闭，脏腑经络之血皆注于冲任以养胎，母体全身处于阴血偏虚、阳气相对偏盛的状态，因此，孕妈妈容易出现"胎火"。

容易出现水肿、原发性高血压。 孕妈妈由于血液量明显增加，心脏负担加重，子宫颈、阴道壁和输卵管等部位的血管也处于扩张、充血的状态，加上内分泌功能旺盛，分泌的醛固酮增加，易导致水、钠潴留而产生水肿、原发性高血压等不良后果。

容易出现胀气、便秘。 孕妈妈由于胃酸分泌量减少，胃肠道功能有所减弱，会出现食欲缺乏、胃部胀气以及便秘等现象。

其他各种不良症状。 如果孕妈妈经常服用温热性的补药、补品，势必导致阴虚。

4.孕27周食谱推荐

腰果炒鸡丁

【材料】鸡脯肉150克，腰果100克，鸡蛋1个，胡萝卜、黄瓜各半根，葱末、姜末、蒜末各1匙。

【调料】料酒2小匙，淀粉1小匙，盐、白糖各半小匙，食用油适量。

【营养解析】这道菜对帮助孕妈妈和胎儿提高免疫力具有重要意义。

【做法】

①鸡脯肉切丁；鸡蛋磕破，取蛋清加入鸡丁中，加料酒、淀粉、盐，腌渍。

②腰果洗净，入沸水余烫，捞出沥干；胡萝卜、黄瓜洗净切丁。

③锅内注油烧热，放腰果用小火炸熟，捞出控油；继续加热油锅，倒入鸡丁，小火滑至熟，捞出控油。

④锅中留少许底油烧热，倒入葱末、姜末、蒜末爆香，加入鸡丁、胡萝卜丁、黄瓜丁，倒入料酒后加入盐、白糖调味，大火炒匀再倒入炸腰果炒匀即可。

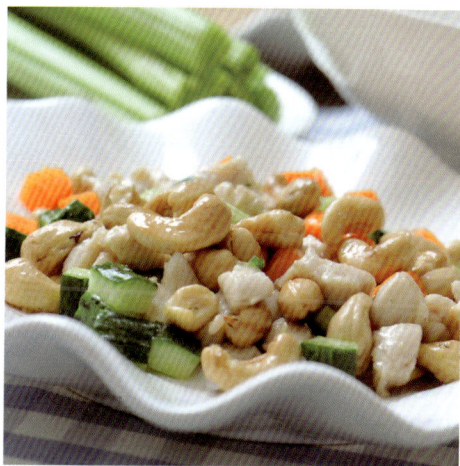

奶汤鲫鱼

【材料】鲫鱼1条，豆苗20克，笋片、熟火腿片各适量，葱、姜各适量。

【调料】白汤500毫升，熟猪油、盐、鸡精、料酒、食用油各适量。

【营养解析】这道菜富含钙、磷等营养素，特别适合孕妈妈孕中期和孕晚期食用，对胎儿骨骼的发育有较好的作用。

【做法】

①鲫鱼去内脏洗净，切成人字形刀纹。

②将葱、姜放油锅中炝香，再放鱼略煎，烹入料酒、白汤、熟猪油，煮至汤汁白浓时，放入笋片、熟火腿片，加盐、鸡精调味，煮15分钟至笋片熟时去掉姜、葱，最后放入豆苗略煮出锅装盘。

四、孕28周 形成了自己的睡眠周期

宝宝，医生告诉妈妈说，这周你的眼睛已经可以自由开合了，快睁开你的大眼睛看看妈妈的肚子吧，出来以后告诉妈妈，里面是什么样子的呀！

1.胎宝宝的样子

这个月的胎宝宝重达1300克，长35厘米。他的眼睛既能睁开也能闭上，而且已形成了自己的睡眠周期。醒着时，他会自己嬉戏，会踢踢腿、伸懒腰，甚至会把自己的手指放到嘴里去吸吮。大脑活动也非常活跃，大脑皮层表面开始出现一些特有的沟回，脑组织快速增殖。胎宝宝的小鼻子到现在已有了嗅觉。胎宝宝对子宫内的气味能够留下深刻的记忆。

▶ 胎宝宝的眼睛既能睁开也能闭上，而且已形成了自己的睡眠周期。

2.孕妈妈的神奇变化

准妈妈的子宫现在已经到了肚脐的上方，大约是在肚脐以上8厘米的位置。如果从耻骨联合量到子宫底部约28厘米。子宫快速增长并向上挤压内脏，因而你会感到胸口憋闷、呼吸困难。因为腹部沉重，如果平躺会让你感觉喘不过气，最好侧卧。脚面、小腿水肿的现象严重，站立、蹲坐太久或腰带扎得过紧，水肿就会加重。如果水肿不伴随高血压和蛋白尿，就属于怀孕后的正常现象。心脏的负担也在逐渐加重，血压开始增高，静脉曲张、痔疮、便秘这些麻烦，接踵而至地烦扰着孕妈妈。现在，你可能要每两周去做一次产前检查，这样医生可以更密切地监察你的孕期。

☀️ 斯瑟蒂克提醒：准爸妈必读

痔疮是一种慢性病，孕妈妈痔疮的发病率高达 76% 左右。痔疮通常出现在妊娠晚期的 28~36 周，特别是分娩前 1 周，但有时也会出现在孕早期。

痔疮的预防和应对：

🔲 生活调理

上厕所时放松心情，养成良好的排便习惯；避免提重物；可用温水冲洗肛门周围，或温水坐浴；每天早晚做一次提肛运动。

🔲 饮食调理

多吃富含膳食纤维的蔬菜和水果，如芹菜、白菜、菠菜、黑木耳、香蕉、梨、瓜类等；还可以多吃一些富含植物油脂的食物，如核桃、芝麻；早晨起来喝一杯蜂蜜水，可以防止便秘引起痔疮。

3.胎教时光：妈妈真幸福

宝宝，怀了你之后，妈妈才知道自己的身体是这么的强大。妈妈生命的活力源源不断地为你散发着，为你，千千万万！

故事胎教：国学故事《王羲之吃墨》

王羲之是我国东晋时期著名书法家，他小的时候，练字十分刻苦。据说，他练字用坏的毛笔，堆在一起成了一座小山，人们叫它"笔山"；他家的旁边有一个小水池，他常在这水池里洗毛笔和砚台，后来小水池的水都变黑了，人们就把这个小水池叫作"墨池"。

有一天，他聚精会神地在书房练字，连吃饭都忘了。书童送来了他最爱吃的蒜泥和馍馍，催着他吃，他好像没有听见一样还是埋头写字。书童没有办法，只好去告诉他的母亲王夫人。王夫人来到书房的时候，看见王羲之趴在桌上睡着了，嘴巴四周沾满了墨汁。原来，王羲之边吃边练字，眼睛还看着字，错把墨汁当成蒜泥蘸了。

王羲之坚持数十年如一日，勤学苦练，临帖不辍，练就了很扎实的功夫。后来，王羲之终于钻研出了一种妍美流利的新字体。大家都称赞他写的字像彩云那样轻松自如，像飞龙那样雄健有力。王羲之30岁写的《兰亭集序》，全文20个"之"字，字字别开生面、无一雷同。王羲之的行草被誉为"天下第一行书"。他也被公认为我国历史上杰出的书法家之一，被尊称为"书圣"。

音乐胎教：《天鹅湖》

优雅的天鹅，永远是人们心目中美好的象征，你想不想自己的胎宝宝在人生的一开始就接受优雅、古典的音乐洗礼？那么，不妨在清晨或黄昏，或是你喜欢的任何时间，多听听一些经典的曲目，比如《天鹅湖》。

《天鹅湖》被称作"永远的天鹅湖"，可见其在人们心中的位置。柴柯夫斯基无疑是古典舞剧最为杰出的大师之一，一部《天鹅湖》就已经是"旋律之王"最好的注解了。该曲音乐性格鲜明，既保留了传统芭蕾音乐的典雅、优美风格，又有创造性表现，即丰富的交响性，把古典舞、代表性舞甚至哑剧连接发展为一个严密的整体，富有情节性，每场音乐对场景的描写极为完美，对戏剧矛盾的推动以及每个角色性格和内心的刻画非常到位，因此被评价为"首次令舞蹈作品具有音乐灵魂"。

了解一点音乐的背景，对胎宝宝的音乐胎教可能会有事半功倍的效果。《天鹅湖》中的《天鹅序曲》一开头，双簧管吹出了柔和的曲调，引出故事的线索，因魔法而变成天鹅的姑娘，温柔、动人，又有几分哀怨，柔美的天鹅主题正表现了这一切。在听的过程中，孕妈妈可仔细辨别一下：哪一些音符是天鹅的喁喁私语？哪一些音符又表现了天鹅扇动翅膀的声音？

益智卡片：认识字母WXYZ

宝宝，今天我们来学 4 个新字母。

"W"长得像两个 "V" 的黏合，又像弹簧的一小部分，还像一个山谷……

"X"像两根木棒的交叉摆放，又像剪刀打开后，还像个小叉子……

"Y"像大树的枝桠，还像喝酒的高脚杯，也像漏斗、桥墩……

"Z"像一只游泳的鸭子。这个字母的发音要注意准确，孕妈妈可以多读几次。

准爸爸学堂：灯泡为什么能发亮？

灯泡在我们生活中随处可见，每天晚上我们都靠它们照明，可是，宝宝知道为什么灯泡会发亮吗？

因为在灯泡里面，有根用金属做成的细丝，这根细丝叫"钨丝"。当我们打开电源的时候，电流会传导到钨丝上，钨丝会升温发热，由红变白。也就是说，钨丝被烧红发出的强烈光线就是我们看到的亮光了。

营养胎教：鸡蛋是孕期最理想的食物

鸡蛋是孕期最理想的营养食品之一，人体所需要的七大营养素（蛋白质、脂肪、碳水化合物、维生素、无机盐、膳食纤维和水）除了膳食纤维之外，其余的鸡蛋中全有。鸡蛋的最可贵之处在于它能够提供较多的优质蛋白，鸡蛋中的蛋白质含有各种必需氨基酸。每 50 克鸡蛋可以供给 5.4 克优质蛋白，是常见食物中蛋白质品质较高的食物之一。这不仅有益于胎宝宝的脑发育，而且可为母体储存优质蛋白，有利于提高产后母乳的质量。一个中等大小的鸡蛋与 200 毫升牛奶的营养价值相当，不仅营养价值高，而且还很方便食用。但吃鸡蛋也有讲究，孕妈妈们究竟怎么吃鸡蛋才健康呢？

不吃未煮熟的鸡蛋

鸡蛋的蛋黄和蛋白都含有多种氨基酸。其中，蛋白中的一些蛋白质有抑制蛋白水解酶的作用，但是通过加热的方法可以将其破坏。食用未煮熟的鸡蛋，因为未被充分高温消毒而含有沙门氏菌，另外，还会影响人对生物素的利用，导致某些生物素的缺乏。因而，孕妈妈在食用鸡蛋时，必须要将鸡蛋彻底煮熟。

数量要控制

鸡蛋营养丰富，含有多种人体所需的营养素，因此，有不少家庭每天给孕妈妈吃许多鸡蛋，这种做法很不可取。鸡蛋虽然是营养全面均衡的理想食品，但并不是多多益善。

◎随着孕期的增加，孕妈妈的胃肠本来就受到增大的子宫的影响，如果食用鸡蛋过多，便会进一步增加孕妈妈胃肠的负担，不利于消化吸收。

◎鸡蛋虽然营养丰富，但没有包括所有的营养素，如果鸡蛋吃得过多必然影响其他营养的摄取。

◎孕妈妈每天吃 2 个鸡蛋比较合适。

4.孕28周食谱推荐

苦瓜鸡柳

【材料】苦瓜100克，鸡胸肉150克，胡萝卜丝5克，葱花适量。

【调料】酱油1大匙，料酒、白糖、盐、鸡精、食用油各1小匙。

【营养解析】苦瓜是调节血糖的天然良药，具有清热消炎、保护心血管、降压、降脂的作用。

【做法】

①苦瓜洗净，去瓤、切条；鸡肉洗净，切条略腌，将腌好的鸡条滑油备用。

②锅烧热，倒入油，煸香葱花，加入苦瓜条、胡萝卜丝和鸡条翻炒，放入调味料炒匀出锅。

冬瓜丸子汤

【材料】猪肉馅150克，冬瓜150克，香菜2克，姜2片，姜末1克，蛋清1个。

【调料】盐、鸡精、料酒、香油各适量。

【营养解析】冬瓜有利尿、生津止渴等功效，适于妊娠期水肿的女性食用。

【做法】

①冬瓜去皮洗净，切薄片；肉馅加入蛋清、姜末、料酒、2克盐拌匀。

②锅中放水烧开，放入姜片，调为小火，把肉馅揉成个头均匀的肉丸子放入锅中，用汤勺轻轻推动，使之不粘连。

③大火将肉丸汤烧滚，放入冬瓜片煮5分钟，调入鸡精、剩余盐，熟后放入香菜，滴入香油即可。

CHAPTER 8

THE EIGHTH
MONTH OF
PREGNANCY

第八章

孕8月（29~32周）：
妈妈的情感胎教

经常用悦耳、快乐的声音唱歌给胎儿听。

——实子·斯瑟蒂克

一、孕29周 视觉发育已经相当完善

亲爱的宝宝，我们已经相处大半年了。还有三个月我们就能见面了，一想到不久之后就能看见活泼可爱的你，我和爸爸可兴奋了。外公、外婆、爷爷、奶奶也经常过来看你，与你聊天讲故事，无比期待与你见面呢。

宝宝，我们大家都很爱你，你感受到我们对你的爱了吗？

1.胎宝宝的样子

胎宝宝的体重已有 1300 多克，身长大于 35 厘米了。此时，他还会睁开眼睛并把头转向从妈妈子宫壁外透射进来的光源。现在胎宝宝的皮下脂肪已初步形成，手指甲也能看得很清楚了。

▶ 从本周起，胎宝宝的胎动会更加频繁。

2.孕妈妈的神奇变化

孕 29 周，孕妈妈子宫的高度比肚脐高 7.6~10.2 厘米，从耻骨联合处量起约 29 厘米。现在子宫所在的位置会对膀胱造成压力。你可能感觉又回到了孕期的头 3 个月，频繁地上厕所，总感觉膀胱里的尿排不净，甚至在笑、咳嗽或者轻微运动时，也会有尿排出。

当你走路多或者身体疲劳时，你会感到肚子一阵阵地发紧，这是正常的不规律宫缩。当你仰躺时，你会感到头晕，心率和血压会有所变化。如果从仰躺变为侧躺，症状就会消失。在孕期的最后 3 个月，大多数孕妈妈都会有鼻塞或者鼻出血的情况，这种情况很正常，一旦分娩，就会痊愈，不会有后遗症。

斯瑟蒂克提醒：准爸妈必读

从本周起，胎动会更加频繁，孕妈妈要学会数胎动，并通过记录胎动来判断体内胎儿的健康状况。如若发现异常，要及时告知医生，以便及时采取应对措施。

开始记录胎动

孕妈妈可以从本周开始每天记录胎动。每日记录胎动，是监测胎儿健康的简单、经济而有效的方法，它不仅可及时发现胎儿缺氧或胎盘功能不足的情形，还可减少孕妈妈因过度紧张而造成的疑虑。一旦发现胎动不正常的情形，可以及时就医，减少意外事情发生的概率。

预防和应对早产

孕晚期要减少活动，注意休息，避免疲劳。放松心情，让情绪平稳，避免紧张以及受到惊吓或刺激。如果由于活动不足引起血液循环不良，不妨请家人为你做适度的肌肉按摩。如果孕妈妈出现早产的迹象，即出现规律性的宫缩，或有阴道出血的状况，要注意安胎，避免做一切会刺激子宫收缩的事情。最好住进医院，保持安静，采取保胎措施。

3.胎教时光：大家都爱你

让宝宝还在妈妈的腹中就感受到大家的爱，感受到母亲的爱，可以为宝宝日后形成热爱生活、积极乐观的精神打下良好的基础。因此，妈妈可以这么做：

情感胎教：交流可以与胎儿的心灵相通

妈妈与宝宝之间可以通过血液中的化学成分进行沟通。妈妈通过对自己情感的调节，可以创造出清新的氛围，让自己精神愉快、心理健康的同时，通过妈妈的神经传递作用，也会对宝宝的大脑发育产生良好的影响，这被称为"情感胎教"。因此，妈妈除了要保持良好的精神状态，也应该经常与宝宝交流，将自己积极向上的情绪更好地传递给宝宝，让宝宝得到更好地生长。

故事胎教：《雏菊》

为宝宝讲述清新的童话故事，传达故事中纯真的情感，就是一种经典的情感胎教的方式。今天，让宝宝与妈妈一起分享一个纯真可爱的故事。

乡间的大路边上，有一间小屋。很普通的乡下房子，你一定见过这种小屋的。在屋子的前方，有一块开满鲜花的花田，还有上着油漆的栅栏。花田的低洼处长着嫩绿的小草，小草的中央有一朵小雏菊。太阳温暖地照耀着这朵小雏菊，正如同它也照耀着花田中其他大而鲜艳的花朵一样。因此花儿们时时刻刻在生长。一个清晨，小雏菊盛开了，她白色的花瓣衬托着中央金黄的花盘，闪闪发光，像个小太阳。它从来都不指望着人们注视自己，她是一朵生长在草丛中的、可怜卑微的小花。可她依旧很开心，她把头转向阳光射来的地方，抬头瞧这太阳，静静地聆听百灵鸟高空的歌唱。

小雏菊心里高兴得像过年一样。而实际上，这只是个平凡的星期一，孩子们都去上学了。此时，小孩坐在学校的板凳上，她坐在草丛中，感受着温暖的阳光、身边的一切和仁慈的上帝。小雏菊觉得，她在宁静之中认识到的万物，现在全都被百灵鸟用歌声唱出来了。她怀着几乎是崇敬的心情望着空中那只能唱又能飞的百灵鸟，但是，也不认为自己不能唱歌不能飞翔就是一种不幸。

"我可以观看，也可以聆听！"她想，"有太阳温暖着我，微风亲吻着我。我已经拥有很多的幸福了！"

栅栏的内层，生长着许多娇贵的名花——她们的香气越少，模样就越是嚣张。牡丹们一个个开得比玫瑰还大，可问题的关键并不取决于大小；郁金香呢？她们知道自己的色彩最鲜艳，于是全都站得笔直笔直的，好让人们看得更清楚。谁都没有注意过外面的小雏菊，可小雏菊却一直留意着她们，她心想："她们开得又美又丰盛，漂亮的鸟儿一定会飞过去拜访她们的！噢，站在她们身边真是太有福气了，能欣赏这些景象！"正当她想着这些事情的时候，"滴沥滴沥！"百灵鸟飞了下来，可她既没有飞到牡丹身边也没有飞到郁金香那里——哦，她停在了草丛里低微的小雏菊旁边。小雏菊又是欣喜若狂又是受宠若惊，简直不知道该干什么好了。

百灵鸟围绕着小雏菊，唱起了歌，跳起了舞。

"草地可真柔软！瞧瞧，多可爱的小花呀，有颗金子做的心，还穿着白银衣裳！"

小雏菊黄色的花盘看起来的确像金子，堆在四周的白色花瓣比作白银也一点不差。

谁都估量不出小雏菊现在究竟有多开心！百灵鸟用嘴巴吻着她，对她歌唱，唱了很久才飞回了空中。足足用了一刻钟的时间，小雏菊才从陶醉之中清醒过来，又是羞怯又是欢喜看着花园里的花朵。她们都看见小雏菊得到了无上的光荣和快乐，也懂得这是件开心的事。可郁金香站的比从前更直了，愈发地不可一世，涨红了的脸上写得全是她自己庸人自扰的抱怨；牡丹也不是傻子：幸好她们不会说话，不然小雏菊菊一定会被大骂一通的。这株可怜的小花看得一清二楚，她们的情绪都很不好，这使得她很困扰。

此时，花园里来了一个小姑娘，手里拿着把明晃晃的锋利匕首。小姑娘径直地走向花田里的郁金香，把她们一朵一朵的砍了下来。

"噢！"小雏菊叹了一口气，"太可怕了！她们这下全完了。"

女孩带着郁金香迅速离开了。小雏菊心有余悸，庆幸自己是生在草丛里，庆幸自己只是一朵不起眼的小花。当太阳落山的时候，她就卷起自己的花瓣睡着了。整整一个晚上，她的梦境里全都是空中温暖的太阳和那只美丽的鸟儿。

第二天早上，空气清新阳光灿烂，小雏菊开心地伸了个懒腰，把自己所有的小白花瓣舒展开来。她听出了百灵鸟的歌声，可今天她的歌声很悲伤。是的，百灵鸟歌声悲伤是有理由的，可怜的她被抓起来了，现在正关在窗户旁的一只鸟笼里。一直以来，她都是自由的歌唱，唱着幸福自在的飞翔，唱着田间嫩绿的麦苗，唱着她自己的一双翅膀带来了何等光荣的空中旅程。而现在，她被关在笼子里了，意志消沉。

小雏菊真想帮帮她，可是要怎么做呢？要想出这可行的办法来实在是太难了。小雏菊已经忘记了她身边的景色是多么的美丽，阳光是多么的温暖，她自己的小白花瓣是多么迷人，她现在满心满脑子里都是那只被关在牢笼之中的百灵鸟。无力感渐渐散布小雏菊的全身，她束手无策了。

美学胎教：名画欣赏《可爱的羔羊》

妈妈都对宝宝的出生充满期待。与宝宝在一起，宝宝脸上的每一抹微笑，都如阳光般暖人心田。

这幅名为《可爱的羔羊》的油画，画家以明丽纯净的色彩描绘了风和日丽、阳光明媚的草地上可爱的羔羊，年轻的母亲抱着婴儿在逗着母羊和小羊，表达了一种母爱与慈悲同在的情怀。画家以敏感细腻的笔触，记录了生活中一幅温暖人心的画面，那种温暖纯净的母爱，打动了每一个欣赏这幅画的人的心灵。

益智卡片：认识数字"9"

让我们今天继续益智卡片的学习，一起来学习数字"9"。

妈妈们一边用手描摹"9"的形状，一边将它牢牢地记在脑海中。

"9"是不是像一个小哨子呢？也像一个可爱的小蝌蚪吧。

那"9"意味着多少呢？妈妈可以数数手指头，也可以数数"9块饼干""9个苹果"。

准爸爸学堂：爸爸唱儿歌《可爱的蓝精灵》

许多宝宝都很喜欢爸爸低沉稳重的声音，多听听爸爸的声音不仅可以帮助宝宝记忆力的发展，还能促进亲子感情呢。

在那山的那边 海的那边

有一群蓝精灵

他们活泼又聪明

他们调皮又灵敏

他们自由自在生活在

那绿色的大森林

他们唱歌跳舞快乐多欢喜

在那山的那边 海的那边

有一群蓝精灵

他们活泼又聪明

他们调皮又灵敏

他们自由自在生活在

那绿色的大森林

他们唱歌跳舞快乐多欢喜

他们齐心合力开动脑筋

斗败了格格巫

他们唱歌跳舞快乐多欢喜

他们齐心合力开动脑筋

斗败了格格巫

他们唱歌跳舞快乐多欢喜

营养胎教：α-亚麻酸，促进宝宝大脑发育

α-亚麻酸是维系人类大脑进化和构成人体大脑细胞的重要物质，是人体智慧的基石，为人体必需的脂肪酸，是组成大脑细胞和视网膜细胞的重要物质。α-亚麻酸能控制基因表达，优化遗传基因，转运细胞物质原料，控制养分进入细胞，影响胎宝宝脑细胞的生长发育，降低神经管畸形和各种出生缺陷的发生率。

然而α-亚麻酸在人体内不能自主合成，必须要从外界摄取。若缺乏α-亚麻酸，孕妈妈会出现睡眠差、烦躁不安、疲劳感明显，产后乳汁少、质量低等情况。对于胎宝宝来说，α-亚麻酸摄入不足，会导致胎宝宝发育不良，出生后智力低下、视力不好、反应迟钝、抵抗力弱。

孕妈妈每日宜补充 1000 毫克的α-亚麻酸。补充α-亚麻酸可以多吃富含α-亚麻酸的食物。例如，深海鱼虾类，如石斑鱼、鲑鱼、海虾等；坚果类，如核桃等。在含有α-亚麻酸的食物中，亚麻籽油的含量是比较高的。孕妈妈每天吃几个核桃或者用亚麻籽油炒菜都可以补充α-亚麻酸。

4.孕29周食谱推荐

蜜汁南瓜

【材料】南瓜500克，大枣、白果、枸杞子、姜片各适量。

【调料】蜂蜜、白糖、水淀粉、食用油各适量。

【营养解析】南瓜含有一定的α-亚麻酸，还有丰富的膳食纤维、维生素和碳水化合物，能预防妊娠期高血压。

【做法】

①南瓜去皮瓤、洗净、切丁；大枣、枸杞子用温水泡发，待用。

②切好的南瓜丁整齐地摆放在盘里，加入大枣、枸杞子、白果、姜片，入笼蒸15分钟。

③取出，去掉姜片，轻轻扣入碗里。

④锅洗干净，上火放少许油，加适量水、白糖和蜂蜜，小火熬制成汁；根据汁的浓度，加入水淀粉制成芡汁并进行适当勾芡即可。

海参豆腐汤

【材料】海参100克，豆腐150克，冬笋、黄瓜各20克。

【调料】香油、生抽、盐各适量。

【营养解析】本菜清热利水，生津除烦，消肿解毒，适用于孕妇伴有水肿者，秋季可多食用。

【做法】

①将海参去内脏、洗净、切段；豆腐洗净，切片；黄瓜洗净，切菱形片；冬笋洗净，切片备用。

②煮锅中放豆腐片、海参段、冬笋片，加适量水烧开，小火煮5分钟，加生抽、盐调味，放黄瓜片，淋香油即可。

二、孕30周 🎵 大多数胎儿对声音有了反应

宝宝，你知道吗？由于你正在飞速地成长，妈妈现在的肚子就像一个硕大的西瓜呢。走在路上总会收到许多注视的目光。这些目光中都流露出丝丝羡慕和祝福。妈妈的许多同事和朋友都会热情地跟你打招呼呢！在大家温暖的祝福中，妈妈感到很幸福，也更加想快点见到你！妈妈相信，等我见到你了，我会觉得更幸福！真的好感谢能够与你相遇，我亲爱的宝宝！

1.胎宝宝的样子

此时，男胎宝宝的睾丸正在向阴囊下降，女胎宝宝的阴蒂已很明显。大脑的发育也非常迅速。大多数胎宝宝此时对声音有反应。皮下脂肪继续增长。

▶ 大多数胎宝宝此时对声音有了反应。

2.孕妈妈的神奇变化

孕 30 周，准妈妈的子宫约在肚脐上方 10 厘米处，从耻骨联合量起，子宫底高约 30 厘米。因为子宫上升到了横膈膜，孕妈妈会感到身体越发沉重，肚子像个大西瓜，行动吃力、呼吸困难并且胃部感到不适。再过几周，随着胎儿的头部开始下降，进入骨盆，不适感会逐渐减轻。催乳素数值在体内上升，有些准妈妈的乳房甚至会开始分泌初乳。肚子上的肌肉已经撑大并且松弛了，所以，当你躺着的时候，不要像过去那样快速起身，要慢慢地起身。

斯瑟蒂克提醒：准爸妈必读

　　到本周,胎宝宝已经约有1500克重了,小家伙在孕妈妈的腹中活动频繁。与此同时,孕妈妈的日子变得艰难起来,会出现呼吸困难、饭后不适等问题。妈妈要继续加油哦!

应对心悸、呼吸困难

　　平时要多卧床休息。若是由于怀孕造成的呼吸困难,孕妈妈在睡眠时可避免平躺,改半坐姿会较为舒适。如果在走路时,发生心悸和呼吸困难,要停下来站立或坐下休息。孕妈妈还可练习腹式呼吸,不仅能给胎儿输送新鲜的空气,而且可镇静神经,消除紧张与不适,在分娩或阵痛时还能缓解紧张心理。

去医院进行骨盆测量

　　通过骨盆测量,可了解骨盆的大小、形状,估计胎儿与骨盆的比例,判断能否自然分娩。骨盆测量一般在孕 28~32 周进行,若过早测量,因为阴道和韧带不够松弛,会影响测量结果;过晚有引起感染或胎膜早破的危险。

3.胎教时光：妈妈好想见到你

对宝宝的情感胎教除了讲故事这种方式外，欣赏音乐，感受音乐中所流露出的美感和情感也是一种很不错的胎教手段。

情感胎教：自创好心情

妈妈的情绪会对宝宝的大脑发育产生影响。如果妈妈的情绪是焦虑不安的，会影响宝宝的正常发育。而孕期由于种种不适，种种担忧会使情绪不佳，因此，妈妈要调整好自己的心情。调整心情的方式有很多，如看书、听音乐、绘画、孕妇瑜伽、谈天说地等。妈妈可以根据自己的情况，找到最适合自己的放松方式，在自己情绪不佳时，放松发泄一下。轻松好心情由自己把握。

音乐胎教：欣赏《梦幻曲》

《梦幻曲》是舒曼所作的 13 首《童年情景》中的第七首。他写过很多表现梦幻的曲子，这是其中最为脍炙人口的一首，也是《童年情景》整部套曲中最精彩迷人的一首，常常单独演奏。舒曼的音乐创作注重灵感和诗化，富有文学性和自传性。这首曲子表达了舒曼对幼年时代的回忆。乐曲的旋律优美，和声色彩分明与丰富的对位技巧，揭示了儿童纯净的梦幻意境。

曲子浪漫优美，旋律起伏变幻，格调婉转。聆听《梦幻曲》仿佛变成了一个蹦跳着的、欢乐地哼着小曲的孩子，轻快天真。非常适合妈妈和宝宝一起静静欣赏、尽情想象。

知识胎教：《动物数字歌》

小宝宝都对动物有着特别的兴趣，动物是很好的胎教素材。宝宝有非常了不起的听力，妈妈可以为宝宝绘声绘色地念一念《动物数字歌》这首童谣，通过有趣的童谣，不仅可以帮助记忆数字，还可以对小动物的样子有个初步的了解。

一只小猪肥又壮，一盆食儿全吃光。

两只蜜蜂采蜜忙，两朵鲜花把头昂。

三只小兔来吃饭，三个萝卜它们尝。

四只小猫做游戏，四个皮球拍得响。

五只母鸡咯咯哒，五个鸡蛋大家尝。

六只青蛙捉害虫，六条虫子进肚囊。

七条春蚕吐丝忙，七个茧房亮堂堂。

八只蚂蚁在搬家，八粒白米搬进仓。

九只小鸭来游泳，九条小鱼水中藏。

十只小鸟爱劳动，十个小窝搭得棒！

故事胎教：国学故事《黄香温席》

今天让妈妈与宝宝一起分享一个讲述中华传统美德的故事，一起感受故事中暖暖的亲子温情。

东汉时期，有个小孩叫黄香。

黄香非常孝敬父母亲。母亲生病的时候，小黄香一直守护在病床前，不离左右。可是，在他9岁时，母亲去世了。失去了母亲的黄香非常悲伤，他对父亲也更加关心、照顾，尽量让父亲少操心。

这年的冬天，天气特别冷。黄香晚上读书时，捧着书卷的手一会儿就冰凉冰凉的了。他睡觉的时候，感觉被窝里简直像个冰窟窿，冻得浑身直打颤。好不容易，黄香快要睡着了，突然想到：我的床这么冷，父亲的床不也一样吗？

他一骨碌从床上爬起来，悄悄打开房门朝外面一看，看到了父亲忙碌的身影。

他心想：都这么晚了，父亲还在干活，真是太辛苦了！

想到这里，小黄香蹑手蹑脚地向父亲的床走去。他一头钻进了父亲的被窝。

父亲的被窝真凉啊！

黄香躺在父亲的被窝里，冷的有些受不了了，他就一边躺着，一边背诵白天刚学过的诗文。过了好大一会儿，被窝里终于开始暖和起来。当劳累了一天，疲劳不堪的父亲来到自己的床边，准备睡觉时，突然发现了躺在被窝里的黄香。

"香儿，你这是在干什么呀？"父亲惊讶地问道。

黄香忙从被窝里爬出来，匆匆向自己的床走去。

他边走边说："我这是为父亲暖被窝啊，您累了一天了，热被窝可以让您好好休息。"

"我家的香儿真懂事，真懂事！"父亲感动得不知如何是好。

黄香温席的故事就这样传开了，街坊邻居人人夸奖黄香是个孝顺的好孩子。

夏天到了，劳作了一天的邻居们都在院里乘凉，虽然每个人都不停地摇着手中的蒲扇，但仍然觉得非常热。可是，小黄香却没有在乘凉的人群里，他去哪了呢？

"香儿，香儿。"父亲忙提高嗓门喊他。

"父亲，我在这儿呢。"说着满头大汗的黄香从父亲的房中走出来，手里还拿着一把大蒲扇。

"你干什么呢？怪热的天气，也不出来乘凉。"父亲心疼地说。

"屋里太热，蚊子又多，我用扇子使劲扇扇，把蚊虫赶出去，屋里也显得凉快些，您好睡觉。"黄香说。

父亲一把搂过黄香，感动地说："我的好孩子，可你自己却出了一身汗呀。"

整个夏天，黄香为了让父亲休息好，晚饭后总是拿着扇子把蚊虫扇跑，还要扇凉父亲睡觉的床和枕头，让劳累了一天的父亲早些入睡。

9岁的小黄香就是这样孝敬父亲的，人称"温席的黄香天下无双"。

人们说能孝敬父母的人也一定懂得爱百姓、爱自己的国家。事实也正是这样，黄香后来做了地方官，为当地老百姓做了不少好事，他孝敬父母的故事也千古流传下来。

🌀 益智卡片：认识心形

今天来学习心形这个用来表达爱意的图形吧！

在记忆图形的时候，妈妈可以用手指不断地在卡片上描摹图形的形状，在脑海中形成立体的图像并传递给宝宝。也可以用双手拼出完整的爱心来加深宝宝对心形的认知。

妈妈也可以跟宝宝一起寻找生活中心形的物品。例如，妈妈的心形发卡，客厅里的心形靠垫，图画书上的心形图案等。与宝宝一起寻找实物，可以加深宝宝对图形的记忆哟！

🌀 准爸爸学堂：爸爸的童年

与妈妈一样，爸爸也应该多跟宝宝聊天。跟宝宝分享爸爸童年的趣事是一个不错的话题。爸爸可以跟宝宝讲讲童年时期自己调皮搞怪，或者值得骄傲的小片段。

例如，第一次考试拿 100 分，与小伙伴比赛跑步，小时候偷偷去爬树摘果子，或是小时候最喜欢的玩具，最爱玩的游戏等，这些都可以跟宝宝分享。在与宝宝分享趣事的同时，妈妈也能通过这样的对话而感到轻松愉悦。

🌀 营养胎教：维生素E，血管的清道夫

维生素 E 是一种脂溶性维生素，又名生育酚。可有效预防心血管疾病，因而又被誉为"血管清道夫"。维生素 E 同时也是一种很强的抗氧化剂，能够抑制脂肪酸的氧化，对预防癌症及心脑血管疾病非常有益。还能抵抗自由基的侵害，延缓衰老。

维生素 E 对心脏和血管的健康尤其重要，它是重要的血管扩张剂和抗凝血剂，可以改善血液循环、修复组织，可减少伤口形成瘢痕，降低血压。大量摄取维生素 E 可降低动脉粥样硬化的发病率。

维生素 E 对孕妈妈的主要作用就是保胎、安胎、预防流产。母体缺少维生素 E 是导致流产及早产出现的重要原因之一。孕期缺乏维生素 E 还会使孕妈妈的生殖系统受到损害，生殖上皮发生不可逆转的变化。缺乏维生素 E 也会对宝宝产生不良影响，这可能使宝宝出生后发生黄疸。

由于维生素 E 在血液制造过程中担任辅酶的功能，若缺乏维生素 E 会使孕妈妈造血功能受损，导致贫血，这也是宝宝贫血的主要原因之一；同时，也会使孕妈妈的皮肤老化粗糙，脸色无光，以致精神不佳，还可能引发眼疾、心脏病等。

在日常饮食中，多吃富含维生素 E 的食物可以起到很好的补给作用。玉米油、花生油、葵花籽油、菜籽油、豆油等食用油类；核桃、葵花籽、南瓜子、松子、花生等干果类；豌豆、菠菜、南瓜、西蓝花等蔬菜；全麦、糙米、燕麦、小麦胚芽等谷类都是含维生素 E 比较丰富的食物。另外，蛋、牛奶、动物肝脏、肉制品、豆类的维生素 E 含量也比较丰富。

维生素 E 在人体储存的时间较短，在光照、热、碱和铁等微量元素存在的情况下容易氧化，因此，必须定期摄入。我国居民目前烹调用油主要以植物油为主，因此，不容易缺乏维生素 E。要注意的是，若孕妈妈过量摄入维生素 E，会抑制胎儿生长，损害凝血功能和甲状腺功能，还可使肝脏的脂肪蓄积。因此，建议妈妈每天摄取 10 毫克左右的维生素 E 最为适宜。

4.孕30周食谱推荐

清炒莴笋丝

【材料】莴笋300克，胡萝卜丝20克，花椒6粒。

【调料】盐半小匙，植物油、鸡精各适量。

【营养解析】莴笋中所含的乳状浆液，可增强胃液、胆汁和其他消化液的分泌，从而促进消化，消化功能不好的孕妈妈可多食。而且，这道菜清新爽口，是一道不错的开味菜肴。

【做法】

①莴笋去皮和叶后洗净，切成细丝。

②锅内加入植物油烧热，放入花椒炸香，倒入莴笋丝和胡萝卜丝用大火快炒片刻。

③加盐和鸡精调味，翻炒几下即可。

排骨冬瓜汤

【材料】猪排骨250克，冬瓜500克，葱花适量。

【调料】盐、鸡精、胡椒粉各适量。

【营养解析】本菜清热利水、生津除烦、消肿解毒，适用于孕妇伴有水肿者。秋季可多食用。

【做法】

①猪排骨洗净，剁成3厘米宽、6厘米长的小块，温水下锅，煮去血水，捞出备用；冬瓜去皮、瓤，洗净，切成与排骨大小相同的块。

②锅置火上，放入排骨块，加清水烧开后，转小火炖，在排骨炖至八成熟时，下冬瓜块炖熟，加鸡精、盐、胡椒粉调味，出锅前撒入葱花即可。

三、孕31周 消化系统已基本发育完成

宝宝，你知道吗？今天妈妈的一个朋友带着她刚学会走路的小宝贝来看我。那个小宝贝走起路来摇摇晃晃的，还挥着小拳头，那样子真是可爱得不得了。于是，妈妈不由得想到了还在妈妈肚子里的你。我相信宝宝你一定也是那么的可爱。宝宝，你能听得懂妈妈说话的，对吗？妈妈真的很期待与你见面，你知道的吧！

1.胎宝宝的样子

胎宝宝的肺部和消化系统已基本发育完成，身长增长趋缓而体重迅速增加。这周，胎宝宝的眼睛时开时闭，他能够辨别明暗，甚至能跟踪光源。

▶ 胎宝宝肺部和消化系统已基本发育完成。

2.孕妈妈的神奇变化

进入 31 周，孕妈妈的子宫底已上升到了横膈膜处，你会经常感到胃里不舒服，特别是吃完饭后。这种症状大约到 34 周胎儿头部下降，进入骨盆就可以缓解了。你会发现最近你的体重增加得特别快，这是因为宝宝这时生长的速度很快。你的肚脐周围、下腹及外阴部的颜色越来越深，也许你身上的妊娠纹和脸上的妊娠斑也更为明显了。很多孕妈妈觉得睡眠更加不好，特别是肚子大了，起、卧、翻身都有困难，怎么躺都不舒服。可在睡前请老公帮忙，轻柔地按摩你的腿、脚和背部，帮助肌肉放松。同时，多想想宝宝很快就能跟你见面了！这点不适也就没那么让人难受了。

☀ 斯瑟蒂克提醒：准爸妈必读

本周，随着胎儿身体各器官发育的完成，胎儿身长增长减慢而体重迅速增加，胎儿在子宫内可活动的空间越来越小。与此同时，孕妈妈子宫撑大，挤压胃部，导致孕妈妈胃口又开始变差了。

▣ 减少性生活的频率

步入孕后期，腹部隆起明显，子宫敏感性增加，任何外来刺激，即使是轻度冲击都易于引起子宫收缩，引发早产。建议尽可能减少性生活的次数，以每月 1~4 次为好，以免发生意外。性交时间要缩短，动作要柔和。最好采用丈夫从背后抱住你的后侧位，避免造成腹部受压。

▣ 妈妈应适时停止工作

如果孕妈妈的工作不属于体力劳动，工作强度不是很大，那么，孕晚期还可以坚持工作，只是要避免上夜班、长期站立、抬重物及颠簸较大的工作。如果孕妈妈的工作需要长期使用电脑，或在工厂操作间等阴暗嘈杂的环境工作，那么，建议孕妈妈在怀孕期间调动工作，或选择暂时离开工作岗位，待在家中。

3.胎教时光：你能听得懂妈妈说话吗？

情感胎教的基础就是妈妈的爱。妈妈轻柔的、充满爱意的声音和话语是最好的，也是最直接的让宝宝感受到妈妈的爱的方式。

✐ 情感胎教：夫妻间的关系一定要和睦

胎教不仅仅是妈妈一个人的事，爸爸也同样拥有责任。夫妻双方关系和睦能够让胎教的效果达到最佳。若是怀孕中晚期，夫妻之间关系不融洽，时常闹矛盾，会导致孕妇精神状态不佳，胎动次数会因此发生改变，影响宝宝的身心发育。并且宝宝出生后往往易受惊吓，烦躁不安，哭闹不止，经常吐奶，频繁排便，明显消瘦等。怀孕期间，夫妻双方都要互相尊重，互相理解，维持和谐的状态。这样，才能让宝宝得到更好的成长。

✐ 音乐胎教：听妈妈唱儿歌《小白船》

妈妈轻柔的声音能够给宝宝带来温柔、安心的感觉。妈妈为宝宝轻轻哼唱一首优美舒缓的《小白船》，让宝宝感受到美好静谧的氛围，妈妈也能一同回忆美好的童年时光。

蓝蓝的天空银河里

有只小白船

船上有棵桂花树

白兔在游玩

桨儿桨儿看不见

船上也没帆

飘呀飘呀飘向西天

渡过那条银河水

走向云彩国

走过那个云彩国

再向哪儿去

在那遥远的地方

闪着金光

晨星是灯塔

照呀照得亮

晨星是灯塔

照呀照得亮

益智卡片：认识"人"字

今天开始终于和宝宝一起学习汉字了！我们先从最简单的"人"字开始吧！

与学习数字一样，妈妈同样要用手指在卡片上描摹"人"字，将"人"字的形状牢牢记住。同时，还要正确念出"人"字的发音。让宝宝在记忆字形的同时，也能记忆读音。

那什么是人呢？爸爸、妈妈都是人，宝宝也是人哦！人跟其他动物不同，是一种会思考、会说话、会劳动的动物。等宝宝你出生后，你会更加慢慢明白这个字的含义的。

光照胎教：让宝宝跟光玩游戏

通过产检，妈妈知道宝宝头部的位置，妈妈可以每天选择固定的时间，用手电筒透过腹壁照射宝宝的头部。

但每次照射5分钟左右就够了，当宝宝感受到光线后，宝宝会做出眨眼、转头等动作。而且通过这种光照游戏，可以训练宝宝的视觉功能，并且帮助宝宝形成昼夜周期规律。

准爸爸学堂：灯泡为什么会发光呢？

刚刚跟宝宝玩的光照游戏是不是很有意思啊，宝宝知道那个光是从哪儿来的吗？让爸爸告诉你吧！

那个发光的物体叫灯泡，灯泡里有一根由金属钨做成的丝，叫钨丝。钨丝就是发光的关键哦。当电流通过钨丝时，钨丝会产生热，而且温度不断提高，而当钨丝被烧红时所发出的强烈的光线就是刚才宝宝看到的光啦！

营养胎教：孕晚期的饮食注意

孕晚期时，胎儿的骨骼、肌肉和肺部发育日趋成熟，对营养的需求达到了最高峰。胎儿骨骼肌肉的强化和皮下脂肪的积蓄，都是在为出生之后的独立存活做最后的准备。在出生前的最后 10 周内，胎儿增长的体重大约是此前共增体重的一半还要多。

这个时期的孕妈妈由于子宫占据了大半个腹部，胃部被挤压，饭量受到影响，经常会有吃不下的感觉。要尽量补足因胃容量减小而少摄入的营养，实行少食多餐，均衡摄取各种营养素，防止胎儿发育迟缓。

补充不饱和脂肪酸： 孕晚期是胎儿大脑细胞发育的高峰期，需要补充不饱和脂肪酸，以满足胎儿大脑发育所需。可以进食适量的玉米油、香油、葵花籽油或玉米、花生、芝麻来补充必需的亚油酸。海鱼中含有丰富的蛋白质、不饱和脂肪酸和 DHA，孕妈妈可适量食用，但海鱼的汞含量也较高，每周食用不可超过 4 次。也可适量食用添加了 DHA 和不饱和脂肪酸的孕妇奶粉和人工制剂。

补充蛋白质： 由于胎宝宝身体的增大，大脑发育加快，孕妈妈需要更多地补充蛋白质，每日摄入量不少于 85 克。可通过摄入鱼、虾、鸡肉、鸡蛋和豆制品来补充蛋白质。

加强钙的吸收： 这个时期，胎宝宝的牙齿和骨骼的钙化加速，孕妈妈体内一半以上的钙是在孕晚期储存的。因此，本月孕妈妈钙的需要量明显增加，可每天喝 2 杯牛奶来补钙。

增加铁的供给： 本月要增加铁的摄入，以保证胎儿的骨骼发育，也为分娩时的失血做准备。此外，仍然要注意各种维生素的补充。

4.孕31周食谱推荐

芹菜鱿鱼卷

【材料】芹菜200克，净鱿鱼肉150克，黑木耳50克，胡萝卜花、姜末、葱段各5克，蒜蓉2克。

【调料】盐、料酒、鸡精各1小匙，食用油适量。

【营养解析】鱿鱼是高蛋白食品，芹菜具有消脂降压的作用。这道菜既可以补充优质蛋白，又不会因热量过高而导致肥胖。

【做法】

①将鱿鱼肉剞花刀后切小段，用水焯成鱿鱼卷备用；将芹菜择洗净，切段。

②锅中下油烧热，放入姜末、葱段、蒜蓉炒香，倒入鱿鱼卷、芹菜段、黑木耳及胡萝卜花翻炒后，加料酒、盐、鸡精炒熟即可。

玉米紫米饭

【材料】熟甜玉米、紫米各100克。

【调料】蜂蜜1大匙。

【营养解析】玉米含有丰富的不饱和脂肪酸、蛋白质、B族维生素和维生素E，搭配滋阴补肾的紫米，补益作用更好。

【做法】

①将紫米浸泡6小时，捞出，包于屉布中，放入蒸锅，大火蒸30分钟。

②蒸熟的紫米凉凉后盛入碗中，加熟甜玉米、蜂蜜拌匀、压紧实，扣在盘中即可食用。

四、孕32周 体重将近2千克

宝宝，虽然你现在跟之前比起来没那么好动了，变安静了不少。但是，随着宝宝你一天天地成长，妈妈更深刻地感受到了你生命的律动。妈妈一直注视着你的成长，记录着你成长的一点一滴。这一点一滴都会成为妈妈最珍贵的记忆。

1.胎宝宝的样子

胎宝宝现在的体重为 1600 克左右，40 厘米长。全身的皮下脂肪更加丰富，皱纹减少，看起来更像一个婴儿了。你会发现胎动的次数比原来少了，动作也减弱了，但只要胎动的次数符合规律就问题不大。胎宝宝的肺和胃肠功能接近成熟，已具备呼吸能力，能分泌消化液。而且，在本周，胎宝宝的小身体会倒过来，头朝下进入妈妈的骨盆。

▶ 胎宝宝的皮下脂肪更加丰富，皱纹减少，看起来更像一个婴儿了。

2.孕妈妈的神奇变化

孕妈妈继续以每周 450 克的速度增重。你会感觉更加疲惫，腹部增加的重量会改变你的体形和身体的重心。你感到下背痛或臀部及大腿部疼痛，这是由于这个时期你的腹部肌肉受到拉伸，激素让你的韧带变得更加松弛，增大的子宫甚至还会压迫到一些神经。疼痛和疲惫会让你感觉不想动，但是为了能顺利分娩，还是要适当地做些运动。现在，宝宝的头下降，压迫到了你的膀胱，因此，你的尿频更加严重。你的阴道分泌物也增多了，此时更要注意外阴的清洁。

斯瑟蒂克提醒：准爸妈必读

如果胎宝宝营养充足、正常发育的话，那么，到本周胎宝宝该有 1600 克了。去医院检查，医生会告诉孕妈妈，宝宝的头朝下了，那是为出生做准备的姿势哦。与此同时，孕妈妈的膀胱被不断增大的子宫挤压着，变得更小了，孕妈妈又开始尿频了。

准备好母婴用品

再过不了多久，胎宝宝就是足月儿了，随时可能会出生，因此，妈妈不妨在本周准备一些婴儿出生后的母婴用品，如哺乳及清洗用品，新生儿的衣物以及妈妈产后的专用衣物和产后专用的卫生巾。

B 超显示宝宝脐带绕颈别着急

胎儿出现脐带绕颈后，孕妈妈不必过于担心，可以通过数胎动来自行判断胎儿的情况，于早中晚各测 1 小时，3 小时胎动次数的总和乘以 4 得出 12 小时胎动的总数，若总数大于 12 次表示正常，若 12 小时胎动少于 10 次，或每小时少于 3 次，需速去医院找医生处理。

3.胎教时光：妈妈一直注视着你的成长

妈妈时常用温柔的声音和宝宝进行对话，让宝宝时刻感受到被妈妈的爱包围。同时，也会产生舒适安定的感觉。

情感胎教：不要看恐惧、斗殴等视频

妈妈在孕期看恐怖片或有打斗、斗殴等场景的视频，这些场景会长期留在妈妈的脑中，反复出现。会影响到宝宝的成长发育，使得宝宝出生后胆小、易受惊吓。恐惧和斗殴等场面会给孕妈妈带来视觉和听觉上的刺激，使妈妈心率加快、血压升高、呼吸急促，增加流产和早产发生的几率。因此，为了宝宝能够安全健康的成长，妈妈在怀孕期间，尽量不要看恐惧、斗殴等刺激性场景的视频。

故事胎教：国学故事《开卷有益》

宝宝，你知道吗？妈妈很喜欢读书，你一定很想知道原因吧！因为只要一打开书本，总能读到有益的文字。妈妈现在就来给你讲一个跟读书有关的故事吧！

宋太宗赵光义是宋朝的第二位皇帝，他喜欢阅读文学和历史书籍，还命文臣李昉等人编撰了一部规模宏大的分类百科全书——《太平总类》，总共有一千多卷，是一部很有价值的参考书。对于这样一部巨著，宋太宗规定自己每天至少要看两、三卷，一年内全部看完，于是更名为《太平御览》。当宋太宗开始说他要看完这部巨著时，有人觉得皇帝每天要处理那么多国家大事，还要读这部大书，太辛苦了，就劝他少看些，也不一定每天都得看，以免过度劳神。可是宋太宗却回答说："我很喜欢读书，从书中常常能得到乐趣，多看些书，总会有益处，而且我并不觉得劳神。"于是，他坚持每天阅读三卷，有时因国事忙耽搁了，一定会抽空补上，并常对左右的人说："只要打开书本，总会有好处的。"当时的大臣们见皇帝如此勤奋读书，也纷纷效仿，所以当时读书的风气很盛，连平常不读书的宰相赵普，也孜孜不倦地阅读《论语》。

益智卡片：认识数字"10"

今天，我们要开始学习一个两位数了呢，它就是"10"。

首先，将注意力集中到"10"的卡片上，与之前学习的数字不同，"10"是由两个数字组合而成的，一个是"1"，另一个是"0"。来，一起用手指描摹它的形状，并将它深深记入脑中。我们还可以通过联想法来记忆数字的外形。"10"是不是很像一支铅笔加一个小球呢？是不是也很像一根火腿肠加一个煎蛋呢？

那么，"10"是什么意思呢？可以数数我们的手指或者是脚趾，因为它们都是10个。从1~10，一起来数数吧！

准爸爸学堂：和妈妈下盘棋吧

闲暇的时候，爸爸不妨邀请妈妈一起下盘棋。因为孕妈妈常动脑，宝宝也会更聪明。至于棋的种类，只要是妈妈喜欢的，什么棋都可以。当然，也可以和爸爸一起学习从未接触过的棋牌游戏。

营养胎教：科学控制食量

孕晚期，孕产妇很容易体重超标，导致生出巨大儿或者难产。因此，越是到孕晚期，越要注意合理饮食，以免体重增长过快。最好能根据体重，科学地控制食量。

计算每种食物合理摄入量的方法是：

用孕期每日热能需要量乘以孕妈妈的孕前标准体重数，就是这位孕妈妈每日的总热能需要量。然后，按照每日三种热能营养素的分配比例，就可以计算出这位孕妈妈每天应摄入的各种食物量。

例如：某孕妈妈的身高是 1.60 米，孕前体重是 60 千克，她每天应该吃多少主食呢？首先，计算她的体重指数：$60 \div (1.6 \times 1.6) \approx 23$。根据这位孕妈妈的体重指数，推算出她每日每千克体重需要的热能为 30~35 千焦耳。如果按照每天每千克体重需要 33 千焦耳，计算她的热能总需要量为：$33 \times 60 = 1980$ 千焦耳。按照每日主食摄入量占 65 % 来计算：$1980 \times 0.65 = 1287$ 千焦耳。每克主食产热 4 千焦耳，$1287 \div 4 \approx 321$（克）。即每天的主食应该吃 321 克左右。

4.孕32周食谱推荐

胡萝卜爆鸭丝

【材料】烧鸭或卤鸭600克，胡萝卜丝50克，笋丝30克，芹菜丝及红干辣椒丝各20克，姜丝、蒜蓉各10克。

【调料】料酒、生抽各1大匙，盐、白糖、醋、香油、食用油各适量。

【营养解析】鸭肉可缓解孕妈妈体虚、便秘或水肿等症状。

【做法】

①将鸭骨剔除，取出全部鸭肉，连皮一起切丝。

②油锅烧热，下蒜蓉、红干辣椒丝爆香，再将鸭丝、姜丝、笋丝及胡萝卜丝放入，用大火翻炒，淋料酒及生抽，并放入盐、白糖调味，加入芹菜丝翻炒数下，再淋入醋、香油，炒匀即可。

银耳核桃糖水

【材料】枸杞子50克，银耳30克，核桃肉100克。

【调料】冰糖适量。

【营养解析】核桃富含 α－亚麻酸，具有补脑、润肺、强壮神经的功效；枸杞子能明目、补肝肾；银耳具有活血清热、滋阴润肺、补脑强心的功效。

【做法】

①将枸杞子、核桃肉洗净；银耳用温水泡软，去蒂，切小片。

②适量水烧开，放入银耳、枸杞子，改用小火煲30分钟。

③加入核桃肉，再煲30分钟。

④最后放入冰糖煮溶即可。

CHAPTER 9

THE NINTH
MONTH OF
PREGNANCY

第九章

孕9月（33～36周）：
妈妈的美育胎教

利用形象语言。在白色的图书纸上，利用各种色彩来描绘文字或数字，加强视觉效果。教导文字时，除反复念之外，还要用手描绘字形，并牢牢记住文字的形状与颜色，而且要有形象化的解说。以 A 为例，可以对胎儿说，A 好像是一顶高尖的帽子，然后选出一个以 A 为首的单词教给胎儿，如 Apron，并跟胎儿说，这是妈妈在厨房烹饪时要穿的，今天这件的图案很大。此外，妈妈还有好多件。以后，妈妈会穿着它做饭给你吃。教导数学时，也要用形象的教导法，如告诉胎儿 1 加 1 等于 2 时，不妨说妈妈有一个苹果，如果爸爸给我一个苹果，那么，我有两个苹果。

——实子·斯瑟蒂克

一、孕33周 🔔 身体开始变得圆润

宝宝，现在还有一个多月我们就能见面了呢！妈妈终于可以看见宝宝的庐山真面目了，光是想想就很兴奋呢！宝宝，你是不是也跟妈妈一样呢？我相信宝宝你也一定很想见妈妈和爸爸吧。不过，宝宝你也不要太着急哟！跟妈妈一起再坚持一下！我们一起加油，我们一定会见面的！

1.胎宝宝的样子

现在胎宝宝体重大约 2000 克，身长为 40 多厘米。皮下脂肪较以前大为增加，皱纹减少，身体开始变得圆润。他的呼吸系统、消化系统发育已接近成熟。有的已长出了一头胎发。指甲已长到指尖，但一般不会超过指尖。如果是个男孩，他的睾丸很可能已经从腹腔降入到了阴囊；如果是个女孩，她的大阴唇已明显隆起，

胎宝宝的呼吸系统、消化系统发育已近成熟。

这说明胎宝宝的生殖器官发育也接近成熟。头部已降入到骨盆。

2.孕妈妈的神奇变化

你会感到骨盆和耻骨联合处酸疼，尿意频繁，胎儿在逐渐下降到骨盆。也可能会感到手指和脚趾的关节胀痛，腰痛加重，关节和韧带逐渐松弛，沉重的腹部使你懒于行动，更易疲惫，但还是要适当活动。不规则宫缩的次数增多，腹部经常阵发性地变硬、变紧。外阴变得柔软而肿胀。你的胃和心脏受压迫感更为明显，你会感觉到心慌、气喘或者胃胀，没有食欲。你知道吗？不仅仅是宝宝在为出生做准备，你的身体也在为迎接分娩做准备呢！如你的全身关节和韧带逐渐松弛，不规则宫缩的次数增多等。放松心情，坚持到底就是胜利。

☀ **斯瑟蒂克提醒：** 准爸妈必读

　　到本周，胎宝宝已经不再是之前那个皱巴巴的小老头模样了，他的皮肤变得富有光泽起来。孕妈妈要开始为生产做准备了。

▣ 慎重选择剖宫产

　　剖宫产的条件一般来说分为三种：第一是胎儿存在风险的情况，为迅速将胎儿脱离危险的状况而实施手术。最常见的情况有脐带脱垂、胎盘早剥、胎儿宫内窘迫等。第二种是为了通过中止妊娠、改善母体的不良健康状况或挽救孕妈妈生命。第三种是解决试产后无法自然分娩的难产，如胎位是横位、高直后位等。如果孕妈妈不符合剖宫产的医学指征，专家建议孕妈妈要慎重选择剖宫产。

3.胎教时光：让宝宝高雅起来

胎儿初步的意识萌动已经建立，所以，对胎儿心智发展的训练可以从较抽象、较立体的美育胎教法开始。

美学胎教：名画欣赏《豪家佚乐图》

《豪家佚乐图》是清代杨晋的作品，展现了一幅妇人与幼童游玩的悠游画面。两个发髻高挽、雍容华贵的妇人正闲散地坐在石桌前，似乎正在望着前面那个举扇扑蝶的孩子。另一组里，一位妇人一脸安详地靠坐着，凭栏远望，旁边有一位孩童淘气地趴在栏杆上。而湖石的另一处，则有三三两两刚刚漫游到此准备渡过眼前的小木桥的妇人与孩子。三组人物的安排自然、巧妙，妇人、幼童或于浓荫草坪上闲坐，或游玩、或观荷，皆生动有别，独立成景之际，又相互映衬。

故事胎教：童话《一个豆荚里的五粒豆》

今天妈妈与宝宝一起分享一个跟坚持、坚强有关的故事吧！

有一个豆荚，里面有五粒豌豆。它们都是绿的，因此它们就以为整个世界都是绿的。事实也正是这样！豆荚在生长，豆粒也在生长。它们按照它们在家庭里的地位，坐成一排。太阳在外边照着，把豆荚晒得暖洋洋的；雨把它洗得透明。这儿是既温暖，又舒适；白天有亮，晚间黑暗，这本是必然的规律。豌豆粒坐在那儿越长越大，同时也越变得沉思起来，因为它们多少得做点事情呀。

"难道我们永远就在这儿坐下去么？"它们问。"我只愿老这样坐下去，不要变得僵硬起来。我似乎觉得外面发生了一些事情——我有这种预感！"

许多星期过去了。这几粒豌豆变黄了，豆荚也变黄了。

"整个世界都在变黄啦！"它们说。它们也可以这样说。

忽然它们觉得豆荚震动了一下。它被摘下来了，落到人的手上，跟许多别的丰满的豆荚在一起，溜到一件马甲的口袋里去。

"我们不久就要被打开了！"它们说。于是它们就等待这件事情的到来。

"我倒想要知道，我们之中谁会走得最远！"最小的一粒豆说。"是的，事情马上就要揭晓了。"

"该怎么办就怎么办！"最大的那一粒说。

"啪！"豆荚裂开来了。那五粒豆子全都滚到太阳光里来了。它们躺在一个孩子的手中。这个孩子紧紧地捏着它们，说它们正好可以当作豆枪的子弹用。他马上安一粒进去，把它射出来。

"现在我要飞向广大的世界里去了！如果你能捉住我，那么就请你来吧！"于是它就飞走了。

"我，"第二粒说，"我将直接飞进太阳里去。这才像一个豆荚呢，而且与我的身份非常相称！"

于是它就飞走了。

"我们到了什么地方，就在什么地方睡，"其余的两粒说。

"不过我们仍得向前滚。"因此它们在没有到达豆枪以前，就先在地上滚起来。但是它们终于被装进去了。"我们才会射得最远呢！"

"该怎么办就怎么办！"最后的那一粒说。它射到空中去了。它射到顶楼窗子下面一块旧板子上，正好钻进一个长满了青苔的霉菌的裂缝里去。青苔把它裹起来。它躺在那儿不见了，可是我们的上帝并没忘记它。

"应该怎么办就怎么办！"它说。

在这个小小的顶楼里住着一个穷苦的女人。她白天到外面去擦炉子、锯木材，并且做许多类似的粗活，因此她很强壮，而且也很勤俭，不过她仍然是很穷。她有一个发育不全的独生女儿，躺在这顶楼上的家里。她的身体非常虚弱。她在床上躺了一整年；看样子既活不下去，也死不了。

"她快要到她亲爱的姐姐那儿去了！"女人说。"我只有两个孩子，但是养活她们两个人是够困难的。善良的上帝分担我的愁苦，已经接走一个了。我现在把留下的这一个养着。不过我想他不会让她们分开的；她也会到她天上的姐姐那儿去的。"

可是这个病孩子并没有离开。她安静地、耐心地整天在家里躺着，她的母亲到外面去挣点生活的费用。这正是春天。一大早，当母亲正要出去工作的时候，太阳温和地、愉快地从那个小窗子射进来，一直射到地上。这个病孩子望着最低的那块窗玻璃。

"从窗玻璃旁边探出头来的那个绿东西是什么呢？它在风里摆动！"

母亲走到窗子那儿去，把窗打开一半。"啊，"她说，"我的天，这原来是一粒小豌豆。它还长出小叶子来了。它怎样钻进这个缝隙里去的？你现在可有一个小花园来供你欣赏了！"

病孩子的床搬得更挨近窗子，好让她看到这粒正在生长着的豌豆。于是母亲便出去做她的工作了。

"妈妈，我觉得我好了一些！"这个小姑娘在晚间说，"太阳今天在我身上照得怪温暖的。这粒豆子长得好极了，我也会长得好的；我将爬下床，走到温暖的太阳光中去。"

"愿上帝准我们这样！"母亲说，但是她不相信事情就会这样。不过她仔细地用一根小棍子把这植物支起来，好使它不致被风吹断，因为它使她的女儿对生命起了愉快的想象。她从窗台上牵了一根线到窗框的上端去，使这粒豆可以盘绕着它向上长，它的确在向上长——人们每天可以看到它在生长。

"真的，它现在要开花了！"女人有一天早晨说。她现在开始希望和相信，她的病孩子会好起来。她记起最近这孩子讲话是要比以前愉快得多，而且最近几天她自己也能爬起来，直直地坐在床上，用高兴的眼光望着这一颗豌豆所形成的小花园。一星期以后，这个病孩子第一次能够坐一整个钟头。她快乐地坐在温暖的太阳光里。窗子打开了，它面前是一朵盛开的、粉红色的豌豆花。小姑娘低下头来，把它柔嫩的叶子轻轻地吻了一下。这一天简直像一个节日。

"我幸福的孩子，上帝亲自种下这颗豌豆，叫它长得枝叶茂盛，成为你我的希望和快乐！"高兴的母亲说。她对这花儿微笑，好像它就是上帝送下来的一位善良的天使。

但是其余的几粒豌豆呢？嗯，那一粒曾经飞到广大的世界上去，并且还说过"如果你能捉住我，那么就请你来吧！"

它落到屋顶的水笕里去了，在一个鸽子的嗉囊里躺下来，正如约拿躺在鲸鱼肚中一样（注：据希伯来人的神话，希伯来的预言家约拿因为不听上帝的话，乘船逃遁，上帝因此吹起大风。船上的人把约拿抛到海里以求免于翻船之祸。约拿被大鱼所吞，在鱼腹中待了三天三夜。事见《圣经·旧约全书·约拿书》）。那两粒懒惰的豆子也不过只走了这么远，因为它们也被鸽子吃掉了。总之，它们总还算有些实际的用途。可是那第四粒，它本来想飞进太阳里去，但是却落到水沟里去了，在脏水里躺了好几个星期，而且涨大得相当可观。

"我胖得够美了！"这粒豌豆说，"我胖得要爆裂开来。我想，任何豆子从来不曾、也永远不会达到这种地步的。我是豆荚里五粒豆子中最了不起的一粒。"

水沟说它讲得很有道理。

可是顶楼窗子旁那个年轻的女孩子——她脸上射出健康的光彩，她的眼睛发着亮光——正在豌豆花上面交叉着一双小手，感谢上帝。

水沟说："我支持我的那粒豆子。"

益智卡片：学算术"1+1=2"

现在，我们开始来和宝宝一起学习算术吧！我们先从基础的开始吧！在学习算术前，我们可以先复习一下"1"和"2"这两个数字，重新加深宝宝的记忆。学习算术，可以将卡片与实物结合起来。首先，把注意力集中在卡片的算式上，然后，可以拿出1个苹果，然后再拿1个苹果，接着可以提问宝宝"妈妈现在手里有几个苹果呢？"此时，妈妈可以和宝宝一起思考，代替宝宝回答"2个"，将这个概念传递给宝宝。可多举例子，加深宝宝的记忆。

准爸爸学堂：为什么舌头能尝出味道？

宝宝的味觉已经慢慢生成了，而舌头能分辨出味道，这是为什么呢？让百科全书爸爸来给宝宝讲解一下吧。

舌头能尝出味道，是因为舌头有味蕾，味蕾是味觉的感受器，舌头上的很多部位都分布着味蕾，而不同部位的味蕾能分辨的味道都是不同的。当我们品尝食物时，味蕾就会把各种味道传递给大脑，大脑会帮我们做出分辨，这样我们就能品尝出味道了。宝宝的味蕾比较多，所以，宝宝的味觉会比爸爸的更敏锐哦！

营养胎教：补充维生素K，预防产后大出血

维生素 K 是一种脂溶性维生素，能合成血液凝固所必需的凝血酶原，有加快血液凝固的速度，减少出血的作用。还可以降低新生儿出血性疾病的发病率。

孕妈妈如果缺乏维生素 K，流产率将增加。即使胎儿存活，由于其体内凝血酶低下，易发生消化道、颅内出血等，并会出现小儿慢性肠炎、新生儿黑粪症等；一些与骨质形成有关的蛋白质会受到维生素 K 的调节，如果缺乏维生素 K，可能会导致孕期骨质疏松症或骨软化症；维生素 K 缺乏还可引起胎儿先天性失明、智力发育迟缓等。人体对维生素 K 的需要量较少，孕妈妈和乳母维生素 K 的每日推荐摄入量为 120 微克。可以通过吃富含维生素 K 的食物来补充身体所需维生素 K。绿色蔬菜，如菠菜、菜花、莴笋、萝卜等；烹调油，主要是豆油和菜籽油都是富含维生素 K 的食物。另外，奶油、乳酪、干酪、蛋黄、动物肝脏中的维生素 K 含量也较为丰富。

4.孕33周食谱推荐

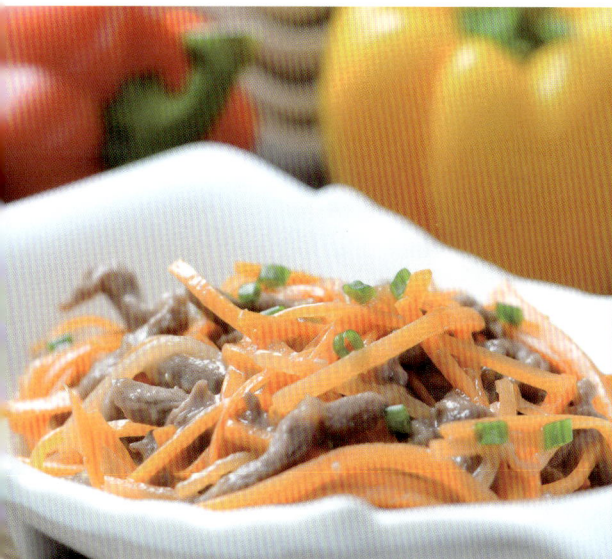

胡萝卜牛肉丝

【材料】牛肉50克，胡萝卜150克，葱花、姜末各少许。

【调料】酱油15克，盐、淀粉、料酒、食用油各适量。

【营养解析】胡萝卜含有丰富的β–胡萝卜素，有利于人体生成维生素A，牛肉油脂还有利于人体对胡萝卜中维生素E的吸收。

【做法】

①牛肉洗净切丝，用葱花、姜末、酱油、料酒调味腌10分钟后，再用淀粉拌匀。

②胡萝卜洗净去皮，切丝。

③炒锅中入油，将腌好的牛肉丝入油锅迅速翻炒，变色后将牛肉丝拨在炒锅的一角，沥出油来炒胡萝卜丝。

④胡萝卜丝炒熟后，混合牛肉丝一起炒匀，加盐调味即可。

黑木耳红枣粥

【材料】黑木耳5克，大枣5颗，大米100克。

【调料】冰糖汁2大匙。

【营养解析】黑木耳中含有丰富的胶原物质，可把残留在人体消化系统中的灰尘、杂质吸附集中起来排出体外，从而起到清胃涤肠的作用。另外，此粥还有下奶的功效。

【做法】

①黑木耳放入温水中泡发，去蒂洗净，然后撕成瓣状；大米淘洗干净；大枣洗净去核。

②黑木耳、大米、大枣一起放入锅内，加适量水；将锅置大火上烧开后转小火熬煮，待黑木耳软烂、大米成粥后，加入冰糖汁搅匀即成。

二、孕34周 为分娩做好了准备

虽然等待的日子艰辛而且漫长，但是也充满着期待与希望。想到有一个崭新的生命正在我的肚子里孕育成长，其中的喜悦与兴奋是溢于言表的。宝宝，虽然我们还没有正式见面，但是妈妈能感受到你生命的律动。你的每一个细小的动作都能够给妈妈带来无限的温暖和感动。宝宝，妈妈真的很爱你。

1.胎宝宝的样子

胎宝宝现在的体重大约 2300 克。他已经做好出生的准备姿势，但此时姿势尚未完全固定，还有可能发生变化，需要密切关注。他的头骨现在还很柔软，而且每块头骨之间还留有空隙，这是为了在分娩时使头部能够顺利通过狭窄的产道。

▶ 胎宝宝现在体重大约2300g。

2.孕妈妈的神奇变化

准妈妈的子宫容量比怀孕前大了 500~1000 倍，因此你现在感觉身子硕大、动作缓慢是正常的。腿部的负担非常重，常常出现痉挛和疼痛，有时还会感到腹部抽痛，一阵阵紧缩。随着腹部的膨大，消化功能继续减退，更加容易引起便秘，孕妈妈一定要注意饮食的调整。现在你可能会发现脚、脸、手肿得更明显，脚踝部肿得老高，如果手或脸突然严重肿胀，一定去看医生。即使这样也不要限制水分的摄入量，因为母体和胎儿都需要大量水分，摄入的水分越多，反而越能帮助你排出体内的水分。

斯瑟蒂克提醒：准爸妈必读

进入 34 周了，孕妈妈可以长舒一口气了，因为你不用再为宝宝早产而担心。经跟踪调研，在这个阶段出生的宝宝 99% 都很健康，而大多数都不会出现与早产相关的一些严重问题。

进行胎心监测

胎心监测一般在妊娠 33~34 周开始进行。在孕 36 周后，每周进行一次胎心监护，如果孕妈妈属于高危妊娠，如妊娠合并糖尿病等，应该每周做 2 次监护。不要空腹做胎心监护，否则会出现假阳性的情况。

适当吃点坚果

坚果类食物中含有 15% ~20% 的优质蛋白质和十几种重要的氨基酸，这些氨基酸都是构成脑神经细胞的主要成分。坚果还含有对大脑神经细胞有益的维生素 B_1、维生素 B_2、维生素 B_6、维生素 E 及钙、磷、铁、锌等营养素。因此，无论是对孕妈妈，还是对胎儿，坚果都是补脑益智的佳品。

3.胎教时光：感受美

进行美育胎教，孕妈妈不仅可以通过听，也可以通过看的方式来体会其中的美。将自己的美的感受通过神经传导输送给宝宝。

美育胎教： 国画欣赏《日长如小年》

这是国画大家徐悲鸿赠与美学家宗白华的一幅画作。与普通的白鹅戏水图不同，这幅画描绘的是三只白鹅依偎在一起休息的画面。这幅画的色彩具有一种阳光感，给人以暖融融的感觉。妈妈与宝宝一起欣赏这幅作品时，用心去体会这幅画所传达的那种人与人之间相互依靠、相互关怀的情怀，就好比妈妈和孩子一样。

音乐胎教：《爱之梦》（李斯特）

今天，妈妈和宝宝一起来欣赏一首浪漫迷人的曲子吧。这首就是李斯特的《爱之梦》。李斯特的这首《爱之梦》乐曲舒缓、悠长，但并不是一直都平淡、悠扬，而是有较强的对比性。中间的展开段激情洋溢，高潮结束后又恢复柔情和纯美。相信这首乐曲能让妈妈与宝宝一同沉浸在乐曲营造的梦一般的环境中，享受音乐带来的梦幻与诗意。

准爸爸学堂：给宝贝准备一份见面礼吧

很快就能够看见宝宝了，准爸爸是不是要给宝宝准备一份见面礼了呢？至于准备一份怎样的礼物，爸爸就要多花一点心思了。

心灵手巧的爸爸可以亲手给宝宝制作一份小礼物。可以是一个小玩具，也可以是一个小家具。擅长绘画的爸爸，也可以为宝宝画一幅画。只要充分表达出自己对宝宝的爱就可以了。只要是用心去准备，相信宝宝一定能感受到你的那份爱。宝宝一定会喜欢你的礼物。

益智卡片：认识星形

今天我们来认识一个漂亮的图形——星形吧！

跟学习其他一样，妈妈要把注意力集中在图形上。一边用手指描摹形状，一边牢牢地将图形记在脑海中。

我们也可以结合身边的一些实例来帮助宝宝加深记忆。

例如，星星状的饼干，国旗上的五角星，以及电视上经常看到的颜色各异的海星等。

营养胎教：可适当吃一些清火食物

孕妈妈可适当吃一些清火食物，以预防宝宝出生后因为胎火盛而长湿疹。上火的孕妈妈可以多吃一些苦味食物，因苦味食物中含有生物碱、尿素类等苦味物质，具有解热祛暑、消除疲劳的作用。最佳的苦味食物首推苦瓜，不管是凉拌、炒还是煲汤，都能达到"去火"的目的。除了苦瓜，孕妈妈还可以选择杏仁、苦菜、芥蓝等。

除了苦味食物，孕妈妈还可多吃甘甜爽口的新鲜水果和鲜嫩蔬菜。专家指出，甘蓝菜、菜花、西瓜、苹果、葡萄等富含矿物质，尤其以钙、镁、硅的含量高，有安神、降火的神奇功效。上火的孕妈妈可适量吃这类食物。

4.孕34周食谱推荐

大枣黑豆炖鲤鱼

【材料】鲤鱼1条，黑豆30克，大枣8颗，葱半根，姜2片。

【调料】盐、料酒各2匙。

【营养解析】鲤鱼含有丰富的蛋白质；大枣具有补益脾胃、养血安神的作用；黑豆蛋白含量高、热量低，具有治水、消胀、下气的功效。三者搭配适用于体虚、四肢水肿的孕妈妈。

【做法】

①将鲤鱼洗净切段；葱洗净切段；大枣洗净去核；黑豆淘洗干净，用清水浸泡1小时。

②锅中放入适量清水并放入鲤鱼段，用大火煮沸后撇去浮物。

③将②中加入黑豆、大枣、葱段、姜片、盐和料酒，用小火煮至豆熟即可。

凉拌苦瓜

【材料】苦瓜400克。

【调料】盐、白糖、醋、辣椒酱、鸡精各适量。

【营养解析】苦瓜含有丰富的维生素C、B族维生素、钙、铁等营养素，还有明显的降血糖作用，对血糖高的孕妇有一定疗效。

【做法】

①将苦瓜洗净，对切两半，刮去内瓤，切成薄片。

②将苦瓜放进沸水中焯一下，片刻后捞起，冲凉后备用。

③根据自己喜爱的口味，放入白糖、醋、辣椒酱、鸡精、盐，拌匀即可。

三、孕35周 ❦ 已经发育成一个新生儿了

宝宝，你每次听妈妈和爸爸跟你讲外面世界的种种趣事，是不是对外面的世界充满好奇呢？而且宝宝你每天都在妈妈的肚子里挥舞着手脚，是不是表示你现在已经迫不及待地想出来看看外面的世界，想见见爸爸妈妈了呢？不过，宝宝别着急。再坚持一下，和妈妈一起再努力40多天，我们一起加油！

1.胎宝宝的样子

现在的胎宝宝越长越胖，变得圆滚滚的。皮下脂肪将在他出生后起到调节体温的作用。35周时，胎宝宝的听力已充分发育。如果在此时出生，他存活的可能性为99％。

▶ 现在的胎宝宝越长越胖，变得圆滚滚的。

2.孕妈妈的神奇变化

从肚脐量起，子宫底部高度约15厘米，从耻骨联合量起约35厘米。到本周，准妈妈的体重增加了约11~13千克。现在，你的子宫壁和腹壁已经变得很薄，当宝宝在腹中活动的时候，你甚至可以看到宝宝的手脚和肘部。因胎儿增大并逐渐下降，很多孕妈妈会觉得腹坠腰酸，骨盆后部肌肉和韧带变得麻木，有一种牵拉式的疼痛，使行动变得更为艰难。平时做起来很简单的事情，现在在你会感觉很累。大约在分娩前一个月，宫缩就已经开始了。有些人刚开始时还没感觉，只有用手去摸肚子时，才会感受到宫缩。到了孕晚期，这种无效宫缩会经常出现，且频率越来越高。

☀ **斯瑟蒂克提醒**：准爸妈必读

到本周，胎儿完全发育成形，身体比例就是一个新生儿。尽管如此，他还在继续发育成熟，体重继续增加。

■ 应对孕期小便失禁

有的孕妈妈在咳嗽、打喷嚏、大笑、走路急或跑步的时候，不能控制小便而出现尿失禁的现象。出现尿失禁不必害怕，不要经常下蹲，尽量避免重体力劳动，不要提重的物品，以免增加腹压。每天进行盆底肌肉功能锻炼，有节奏地收缩肛门和阴道，每次 5 分钟，每天 2~3 次，一个月后会有明显的改善效果。

■ 警惕胎膜早破

在没有临产前就发生破水的情况叫"胎膜早破"，习惯称"早破水"。感染、子宫内压力异常等都会导致胎膜早破。早破水不仅会增加难产的机会，也会增加胎儿的发病率和死亡率。预防早破，孕期要加强产前检查，及时纠正羊水过多、胎位不正、便秘、剧烈咳嗽等异常症状，孕期避免提重物，减少性生活的次数，避免腹部创伤和受压。妈妈还应多吃新鲜的蔬菜和水果，适量补充多种维生素和矿物质。

3.胎教时光：领悟生活中的美

孕妈妈提高自己对于美的体会，对于培养宝宝对美的感悟具有很重要的作用。妈妈要教会宝宝如何用心去发现和体会生活中的美。

美育胎教：体会生活中无处不在的美

养胎的日子对于妈妈来说，是较为平静安宁的。妈妈有更多的时间去感受身边的美。妈妈可以走进自然，领略自然之美，享受田园的风光，风吹麦浪。也可以走进博物馆、画廊，去感受艺术之美，知识之美。更重要的是领悟生活中的美，清晨的第一缕阳光，一小段感人的文字，人与人之间的一抹温情。从生活的点滴中领悟其中的美，对眼前的美有一定的理解，并将对美的感受传递给胎宝宝，培养宝宝对美的感悟。

故事胎教：童话《有魔法的大帽子》

今天，妈妈和宝宝一起来分享一个非常有趣的童话故事。这个故事啊，告诉我们一个道理：只要肯努力，没有办不到的事情。

小巫婆的脑袋小小的，却喜欢戴一顶奇大无比的帽子，你只能看见她细细的脖子上挑着一顶大大的帽子。头呢？头藏在大帽子里面。没准你会吓得惊叫起来："啊呀，鬼！"小巫婆要的就是这种效果。

但喜欢恶作剧的小巫婆粗心得很，她总也记不住事。

在天上狂飞了一阵，小巫婆嗓子干干的，她手腕一抖，按下扫帚，落到清亮亮的小河旁。小巫婆真是渴坏了，她掀掉大帽子，把他甩到岸边的草地上。"咕嘟嘟，咕嘟嘟。"小巫婆喝饱了水，抹抹嘴唇，心满意足地抓过破扫帚，双脚一点地，"腾"的一下飞走啦。

正在草上蹭痒的大帽子还没来得及"哎"一声，小巫婆已经不见了。大帽子叹了口气：粗心的小巫婆，这是你第889次丢掉我了！

"嘎嘎嘎,鸡妈妈,你也要去镇上吗?""是的,我要给宝宝买一条连衣裙。""嘎嘎,我要买一辆玩具车,小鸭吵了很久了。"鸭妈妈和鸡妈妈边走边聊,来到小河岸边。咦,那座独木桥呢?

"独木桥前几天被洪水冲走了。"山羊爸爸也要到镇上去,他在河边踱来踱去,显得很着急。

"我倒是能游过去,"鸭妈妈说,"可你们不能。"

大帽子听着他们的话,笑了,他冲着急得团团转的鸭妈妈、鸡妈妈和山羊爸爸大喊一声:"来坐船吧。"

一艘真正的船,两头尖尖、肚儿圆圆的船,还带着橹,停泊在了河边。鸭妈妈、鸡妈妈和山羊爸爸跳上船,船儿晃晃悠悠过河了。

过了河,船儿摇摇身子,又变成了小巫婆的大帽子。

"我要去找小巫婆,她不能没有我。"大帽子打着滚往前走了。

走着走着,前面出现了一座房子。大帽子往里瞅了瞅,嗬,里面五彩缤纷、花团锦簇,一群小蜜蜂正"嗡嗡嗡"地飞来飞去,原来这是花博士的花房。花博士精心培育了各种奇花异草,用飞机运往世界各地,装点着城市和乡村。

花博士正犯愁呢:飞机不够多,速度也慢,挺水灵的鲜花运到目的地就不艳丽了。怎么办?

大帽子的心"咚咚咚"地跳快了,变一架比任何飞机都飞得快的大飞机,他可从来没变过,他能做到吗?

大帽子拼命想着"飞机",想得都出了一头热汗,他大吼一声,"刷——"一架又大又漂亮的飞机停在了花房前面,机身还在轻轻抖动,那是大帽子在高兴地笑哩。

住在南极的企鹅们给花博士发来了"伊妹儿":花博士,我们的世界没有鲜花,请您给我们送一些美丽的鲜花来吧。

"大帽子,你能去吗?""哦,我想我不能。南极太冷了,再说我去了也不能让花在冰天雪地里保持鲜活。"

花博士想啊想,脑袋都想疼了,终于想出一个好主意,她对大帽子说:"大帽子,你变成一艘透明的火箭吧,你想想看,一艘装满鲜花的透明的巨大的火箭矗立在南极。哇,像一座鲜花宝塔一样哎!"

大帽子就开始在脑子里想着火箭，他"呼哧呼哧"喘着粗气，大叫着："火箭！火箭！火箭！"哇！火箭出现了！

还有什么做不到的呢，只要你全心全意地去做，你就能创造奇迹。大帽子越来越喜欢这样变来变去了，每变一次他就增加一分快乐。他为怕太阳的小狗变太阳伞，为走夜路的小朋友变路灯，为在雨中塌了房子的小猪变砖房……

突然，一阵大风平地而起，把大帽子刮到了空中。大帽子正惊魂未定，忽然一只熟悉的手把他紧紧抓住了。这么大的风，真是个糟糕的坏天气！

大帽子笑了："粗心的小巫婆，快回我们的草房吧，要下雨了。"

大帽子给小巫婆讲他的故事了吗？当然，他已经被丢过888次，已经讲过888个故事，这是第889个故事了。

益智卡片：认识汉字"心"

宝宝可知道心形的"心"字要怎么写吗？今天就跟妈妈一起来认识"心"这个汉字吧。

"心"这个字比较复杂，妈妈要按照笔顺仔细描摹，告诉宝宝应该怎么写的同时，也将字形传递给宝宝。

"心"是什么意思呢？妈妈可以联系以前所学习过的心形，帮助宝宝加深对这个字的理解。同时，还可以再举一些实例，如将手放在心脏的部位，告诉宝宝，现在正在不断跳动的就是心脏。而心脏对人来说是非常关键的一部分。每次去检查时，医生都说宝宝的心脏跳动得很健康，妈妈都觉得很高兴呢！这样能让宝宝对"心"这个字的理解更加深刻。

准爸爸学堂：月亮的脸为什么会变化？

宝宝，你有没有发现啊。每天跟妈妈饭后散步的时候，天上的月亮都是不一样呢！想知道为什么吗？来，今天爸爸来告诉你其中的奥妙。

月亮是一个很大的星球，但它跟太阳不同，不会发光也不会发热，而且它不仅自己在转，也围着我们居住的地球转动。我们看见的月光都是它反射太阳的光芒而来的。当月亮转到太阳和地球中间，月亮正对着地球的一面就完全照不到太阳光，因此就不会发光，我们也看不到它了。等它转到了能被太阳照射得到的角度，就又会重新出现在我们眼前。它接受到的太阳光越多，我们看见的月亮就越大。

就是这样，月亮不断地转着，不断地循环变化着，我们看到的月亮也就总是不停改变了。

营养胎教：多喝酸牛奶，让妈妈和宝宝更健康

酸牛奶是在消毒牛奶中加入适当的乳酸菌，放置在恒温下经过发酵制成的。

酸牛奶改变了牛奶的酸碱度，使牛奶的蛋白质发生变性凝固，结构松散，更容易被人体内的蛋白酶消化。

酸牛奶中的乳糖经发酵，已分解成能被小肠吸收的半乳糖与葡萄糖，因此可避免某些人喝牛奶后出现腹胀、腹痛、稀便等乳糖不耐受的症状。由于乳酸能产生一些抗菌作用，因而酸牛奶对伤寒等病菌以及肠道中的有害生物的生长繁殖有一定的抑制作用，并且在人的肠道里合成人体必需的多种维生素。

因此，酸牛奶比普通牛奶对孕妇、产妇更为适宜。但是，切不可把保存不当、受到污染而腐败变酸的坏牛奶当作酸牛奶喝。

4.孕35周食谱推荐

炒黑木耳圆白菜

【材料】水发黑木耳50克，圆白菜300克，葱、生姜各适量。

【调料】盐、鸡精、酱油、花生油、醋、白糖、水淀粉、香油各适量。

【营养解析】炒黑木耳圆白菜适宜孕妇食用，具有益肾、填髓、健脑的作用。

【做法】

①将黑木耳撕成小片；将圆白菜撕成小片，沥干水分；葱、生姜洗净，切成丝。

②炒锅放花生油烧至七成热，下入葱、生姜丝爆香，放入圆白菜、黑木耳煸炒，加酱油、盐、鸡精、白糖调味，烧滚后用水淀粉勾芡，加醋，淋上香油，起锅装盘即可。

枸杞花生烧豆腐

【材料】豆腐300克，花生仁30克，枸杞子10克，葱花少许。

【调料】盐、鸡精各1小匙，水淀粉2小匙，食用油适量。

【营养解析】豆腐含有丰富的大豆蛋白，而且易于消化吸收；花生可以补充不饱和脂肪酸和多种矿物质；枸杞子能明目益肝。孕妈妈经常食用此菜，能增强体质，有利于胎儿生长发育。

【做法】

①将豆腐洗净，切大块，下入油锅炸成金黄色；花生仁炸熟备用。

②锅中放油烧热，煸香葱花，放豆腐块、枸杞子和适量水，煮10分钟，加盐、鸡精调味，用水淀粉勾芡后放花生仁炒匀出锅，撒上葱花即可。

四、孕36周 宝宝离你越来越近了

宝宝，还有大概四周的样子我们就能见面了呢！妈妈一直在幻想与你的第一次对视的那一瞬间。我看过许多视频，视频里的妈妈们第一次抱起宝宝时，眼里都是浓浓的爱意，满满的感动。脸上洋溢着的是无以言表的幸福感。我看了充满了羡慕。现在我也即将迎来这一刻，心情一天比一天激动了。宝宝，你是不是也一直在期待这一天的到来呢？

1.胎宝宝的样子

36周的胎宝宝大约已重2900克，身长约为45厘米。这周，他的指甲又长长了，两个肾脏已发育完全，肝脏已经能够处理一些废物。胎宝宝的表情丰富起来了，他会打哈欠、揉鼻子，甚至挤眉弄眼。

▶ 胎宝宝的表情丰富起来，他会打哈欠、揉鼻子，甚至挤眉弄眼。

2.孕妈妈的神奇变化

如果宝宝已经下沉到骨盆，肋骨和内脏器官可能会有轻松愉快的感觉。你可能会发现自己烧心的情况有所好转，呼吸也会变得更容易了。但是，你可能比以前更频繁地去卫生间，压力的变化会让你感到腹股沟和腿部非常疼。这时，你的肚子已相当沉重，肚子大得连肚脐都膨突出来，起居坐卧颇为费力。有些孕妈妈感觉下腹部坠胀，甚至会时时有宝宝要出来的感觉。

斯瑟蒂克提醒：准爸妈必读

　　随着胎儿逐渐长大，活动空间越来越小，胎动也会变缓。即使这样，你每天仍能感到 10 次以上的胎动。妈妈要时刻关注，如果胎动频率和强度减少过于明显，一定要想到胎儿异常的可能，需要及时看医生。

3.胎教时光：细细品味着优美的文字

美的形式，可以有很多种。音乐之美，自然之美，色彩之美，当然还有文字之美。通过阅读的方式进行美育胎教，会丰富胎宝宝的精神世界，让宝宝具有浓浓的书卷气息，也有助于宝宝日后涵养的培养。

美育胎教：美文欣赏《三月桃花水》（刘湛秋）

《三月桃花水》是著名诗人刘湛秋写的一篇优美的散文。文章描写了阳春三月，春水滋润大地、催生万物的美丽景色。文中作者把三月桃花水比作竖琴、明镜，既有诗意，又有美感。宝宝和妈妈一起细细品味着优美的文字，体会春的美、春的可贵。

是什么声音，像一串小铃铛，轻轻地走过村边？是什么光芒，像一匹明洁的丝绸，映照着蓝天？呵，河流醒来了！三月桃花水，舞动着绚丽的朝霞，向前流淌。有一千朵樱花，点点洒上了河面；有一万个小酒窝，在水中回旋。

三月的桃花水，是春天的竖琴。

每一条波纹，都是一根轻柔的弦。那细白的浪花，敲打着有节奏的鼓点；那忽大忽小的水波声，应和着田野上拖拉机的鸣响；那纤细的低语，是在和刚刚从雪被里伸出头来的麦苗谈心；那碰着岸边的叮咚声，像是大路上车轮滚过的铃声；那急流的水浪声，是在催促着村民们开犁播种啊！

三月的桃花水，是春天的明镜。

它看见燕子飞上天空，翅膀是裹着白云；它看见垂柳披上了长发，如雾如烟；它看见一群姑娘来到河边，水底立刻浮起一片片花瓣；它看见村庄上空，很早很早，就升起了袅袅炊烟……

比金子还贵呵，三月桃花水！

比银子还亮呵，三月桃花水！

呵，地上草如茵，两岸柳如眉。三月桃花水，叫人多陶醉。啊！掬一捧，品一口，让这三月的桃花水盛满我们心灵的酒杯！

益智卡片：认识正方体

今天，我们要开始来学习一个比较复杂的图形了，这个图形就叫作"正方体"。

正方体跟之前学习过的正方形是不同的哦。它是由好几个正方形组成的立体图形。在告诉宝宝这一点后，妈妈可以跟学习之前的图形一样进行正方体的学习。用手指仔细描摹卡片上的图形，将形状印刻在脑海中，传递给宝宝。

与实物联系永远是最好的记忆方法。妈妈可以跟宝宝一起玩一个找正方体的小游戏。找找生活中正方体的实物，可以加深宝宝的记忆。

音乐胎教：《四小天鹅舞曲》（柴可夫斯基）

《四小天鹅舞曲》 是柴可夫斯基的四幕舞剧《天鹅湖》第二幕中的舞曲。这首舞曲音乐轻松活泼，节奏干净利落。妈妈与宝宝一起聆听这首乐曲，情绪都会不由自主地随着音乐高涨起来。一同沉浸在轻松愉悦的气氛中，仿佛看到了小天鹅在湖畔嬉戏漫游的情景。旋律不仅质朴动人，还富于田园般的诗意，能让妈妈和宝宝一同畅游在旋律的海洋中。

准爸爸学堂：给宝贝读诗歌 《蒲公英做了一个梦》

有梦最美好。今天，让爸爸给宝宝念一首跟梦有关的诗歌。我们一起看看蒲公英做了一个怎样的梦。

蒲公英，蒲公英

蒲公英做了一个梦

梦见它变成一颗星

一颗最亮的星

一颗最美的星

闪在银河中

早上的风来捞珍珠

捞起了星星

捞起了星星做别针

做呀做

做成了一根别针

送给太阳吧

太阳好脸红

为什么？为什么？

也许明天要长大

太阳戴上了银别针

亮晶晶，亮晶晶

谁也看不清

呀呀呀，蒲公英做了一个梦

营养胎教：保护视力，补充维生素A

维生素A又名视黄醇，是人体必需却又无法自行合成的脂溶性维生素。维生素A可促进胎宝宝视力的发育，增强机体的免疫功能，有利于牙齿和皮肤黏膜的健康。维生素A还能促进孕妈妈产后乳汁的分泌，同时有助于甲状腺功能的调节。

孕妈妈若缺乏维生素A，会出现皮肤干燥、抵抗力下降等症状，还会影响胎宝宝皮肤系统和骨骼系统的生长发育，引起胎儿生长缓慢、胚胎发育不全。严重缺乏时，还会引起胎儿多器官畸形、流产。

维生素A只存在于动物体内。动物的肝脏、鱼肝油、奶类及鱼子是维生素A的最好来源。在红色、橙色、深绿色植物性食物中含有类胡萝卜素，通过胃肠道内的一些特殊酶的作用可以催化生成维生素A。胡萝卜、菠菜、红心甘薯、芒果等都是类胡萝卜素的最佳提供源。维生素A与磷脂、维生素E和维生素C及其他抗氧化剂并存时较为稳定，在高温和紫外线的环境下易被氧化。烹饪时，将含维生素A或者类胡萝卜素的食物与脂类搭配，有利于维生素A的吸收。孕妈妈每天摄入3300国际单位维生素A为宜。

4.孕36周食谱推荐

牛奶大米饭

【材料】大米500克。

【调料】牛奶500毫升。

【营养解析】牛奶大米饭益肺胃、补虚损、生津润肠，适用于体质虚弱、疲劳乏力、脾胃虚寒、大便干秘的孕妇。本做法也适用于煮牛奶米粥，具有同样的功效。因具有利尿的作用，对孕晚期水肿的孕妈妈非常适合。

【做法】

大米淘洗干净，放入锅内，加入牛奶和适量清水，盖上锅盖，用小火慢慢焖熟即可食用。

麻酱莴笋

【材料】莴笋500克。

【调料】芝麻酱50克，白糖、盐各1小勺。

【营养解析】莴笋富含维生素K，是补充维生素K极好的食材。

【做法】

①将莴笋去皮洗净，切成0.5厘米粗的条，用沸水余烫一下，捞出来沥干。

②将芝麻酱放入碗中，加适量温水，再加入盐和白糖，调匀。

③将调好的芝麻酱淋在莴笋上，拌匀即可食用。

THE TENTH
MONTH OF
PREGNANCY

第十章

孕10月（37~40周）：
新生儿教育
是胎教的延续

出世后跟进。等小孩出生以后，最好把胎教所用过
的东西，放在婴儿的面前，如此一来，婴儿会慢慢回忆
起以前学过的东西。

——实子·斯瑟蒂克

一、孕37周 随时可能相见

宝宝，还有不到一个月的时间我们就能见面了，你紧张吗？妈妈可是开始有紧张感了呢。而且不光是我，连爸爸、爷爷、奶奶他们都开始紧张起来，准备这个准备那个的。但是相对于紧张，我们更多的是兴奋与激动。想到即将要与期待已久的你见面，真的是件很幸福很兴奋的事情呢！宝宝，让我们一起继续加油吧！

1.胎宝宝的样子

现在是怀孕的最后阶段，胎宝宝正以每天 20~30 克的速度继续增长体重，他现在的重量约为 3000 克，身长逐渐接近 50 厘米。到这周末，胎宝宝就可以称为足月儿了 (37~42 周的新生儿都称为足月儿)。

▶ 胎宝宝现在的体重大约是3000克。

2.孕妈妈的神奇变化

离预产期的日子越来越近啦，你是不是总会接到亲戚朋友的电话，问你"生了没有？"等待分娩的日子会使你感到很焦虑，你也会开始一天天地数日子。其实，只有5%的孕妈妈在预产期分娩。多数孕妈妈都在预产期前后两周出生，都是正常的。本周宫缩比上周更加频繁，你可能怀疑自己是不是快生了，其实，这只是正常的宫缩，并不是临产宫缩。只有当正常宫缩时断时续一整天或一整晚后才称为临产宫缩。子宫分泌物增多，有些准妈妈的子宫口会提前微微张开。

斯瑟蒂克提醒：准爸妈必读

现在是做分娩前准备的时候了，宝宝出生后所有的用品最好在本周准备齐全，随着胎儿的增大，你的活动越来越不方便了，不能长时间行走。所以，你和丈夫应该准备好你住院分娩及分娩后所需要的东西。如：产妇的证件，包括医疗证、挂号证、准生证、孕产妇围产期保健卡，公费医疗证等；产妇入院的洗漱用品；婴儿的洗漱用品。

3.胎教时光：自得其乐

随着胎宝宝的慢慢长大，妈妈的心情也变得越来越复杂，利用剪纸、绘画或手工编织放松下心情吧。

情绪胎教：利用手工放松心情

剪纸：剪纸也属于胎教的内容。可先勾画轮廓，然后用剪刀剪，剪个胖娃娃、"双喜临门""喜鹊登梅""小儿放牛"或孩子的属相，如猪、狗、猴、兔等。通过剪纸进行美术胎教，向胎儿传递美的信息。

绘画：绘画不仅能提高人的审美能力，产生美好的感受，还能通过笔触和线条释放内心情感，调节心绪平衡。即使不会绘画，在涂涂画画之中也会自得其乐。

手工编织：孕期勤于编织的孕妈妈所生的孩子都会心灵手巧。编织动作精细灵敏，可促进大脑皮层相应部位的活动，提高思维能力，促进胎儿大脑发育。孕妈妈编织胎教包括以下内容：亲自设计宝宝毛衣的图案，给宝宝编织毛衣、毛裤、毛袜、线衣、线裤、线袜等；编织其他手工艺品，如枕巾、壁挂、贴花等；用钩针钩织各种婴儿用品，如小披肩、小外套等。

益智卡片：学习汉字"大"和"小"

今天，我们来学习一对有趣的字——"大"字和"小"字。

跟之前学习的汉字一样，妈妈一边清楚地读出汉字的读音，一边用手细细描摹字的外形。

但是，今天的卡片是不是跟之前的卡片有所不同呢？卡片上的两个字一个高大一些，另一个矮小一些呢！对了！那个大一些的字就是"大"字，旁边那个小个子就是"小"字。妈妈进行比较的同时，还能帮助宝宝理解这两个字的含义。

当然，妈妈可以多做一些这样的比较。例如，跟宝宝玩一个比大小的游戏。"宝宝，你看那个，妈妈面前有两个苹果，哪个苹果大一些呢？"然后，妈妈指出大一些的苹果，问："这个大一些，对吗？"或者指出另一个苹果说："这个苹果是不是比较小呀？"可以多玩几次这样的比较游戏，加深宝宝对于"大""小"两个字的理解。

运动胎教：做几个促进分娩的小运动

妈妈可以在预产期前练习一些分娩促进运动，有助于促进顺产。

画圈运动：左手扶住椅背，右腿固定，左腿做360度的画圈运动，还原，然后换另一边。早晚各做5~6次。

腰部运动：双手扶住椅背，慢慢吸气，同时手臂用力，踮起脚尖，挺直腰部，然后慢慢呼气，手臂放松，双脚还原。早晚各做5~6次。

腿部运动：自然站立，一腿固定，另一条腿用力提至与地面呈45度，脚腕稍微向上翻。然后换腿，重复练习。

准爸爸学堂：不倒翁为什么不会倒？

宝宝，知道爸爸手里拿着的是什么东西吗？这个小娃娃叫作"不倒翁"，不管你怎么推它，它都不会倒下，所以大家都叫它"不倒翁"。那宝宝知道它为什么不会倒吗？爸爸告诉你吧！

不倒翁不会倒的原因呢，是因为不倒翁的整个身体都很轻，但是它的底部放了一个很重的东西，例如铁块、铅块。而且，不倒翁的底部面积很大很光滑，非常容易摆动。

所以，当不倒翁向一边倾斜时，它跟桌面的接触点发生变化，重心和接触点就不在一条线上了，这时在重力的作用下，它就会绕着接触点转动，直至回到原来的位置。这就是不倒翁永远不会倒的原因啦！

营养胎教：补充镁元素，预防妊娠中毒症

妊娠过程中，孕妈妈体内雄性激素分泌量会增加，镁的需要量也会随之增加。镁元素不但可以维持母体营养的平衡，也可以预防妊娠中毒症。妊娠中毒症是孕晚期的常见并发症，其病因主要是由于心脏等血液循环系统出现了问题。倘若孕妈妈能适量补充镁元素，则能有效预防发生妊娠中毒症。

镁在肉类、奶类、大豆、坚果中的含量丰富，另外，在菠菜、豆芽、香蕉、草莓等蔬菜水果中的含量也很高。

4.孕37周食谱推荐

绿豆薏米粥

【材料】绿豆50克，薏米50克，糯米100克。

【调料】冰糖适量。

【营养解析】绿豆和薏米都有一定的滑胎作用。足月以后再食用，有利于胎儿顺产。

【做法】

①将各材料洗净，浸泡。

②绿豆、薏米、糯米放入煮锅中，加适量水，大火煮开，改小火煮40分钟，加入冰糖，中火再煮25分钟即可。

紫苋菜粥

【材料】大米100克，紫苋菜250克。

【调料】盐、猪油各适量。

【营养解析】此粥能利窍滑胎，有助顺产，适于孕妇临盆前食用。

【做法】

①将紫苋菜择洗干净，切丝。

②将大米用清水淘洗干净，放入锅内，加适量清水，置于火上，煮至粥九分熟时，加入猪油、紫苋菜丝、盐，等到两三滚后即可。

二、孕38周 已经是足月儿了

宝宝，你知道吗？你的名字终于确定了。这可是动员了全家的力量呢。为了能够给你起一个好名字，大家都竭尽全力呢！特别是你爸爸，每天都不停地翻字典，就是为了给你找到一个最好的名字。宝宝，见到爸爸后一定要好好感谢他哟！

1.胎宝宝的样子

现在胎宝宝可能已经重3200克了，身长也有50厘米左右了。胎头在你的骨盆腔内摇摆，周围有骨盆的骨架保护，很安全。他身上原来覆盖着的一层细细的绒毛和大部分白色的胎脂逐渐脱落，这些物质及其他分泌物也被胎宝宝随着羊水一起吞进肚子里，贮存在他的肠道中，变成墨绿色的胎便，在他出生后的一两天内排出体外。

胎宝宝身上原来覆盖着的一层细细的绒毛和大部分白色的胎脂逐渐脱落。

2.孕妈妈的神奇变化

进入38周，孕妈妈的体重仍然会增加约0.45千克。你的心情可能很矛盾，既希望能早点见到宝宝，可一想起分娩需要熬上几个甚至十几个小时的疼痛，就会很恐惧。在表现分娩真正的子宫收缩之前，孕妈妈会经历假阵痛收缩。假阵痛收缩不同于子宫收缩，且是没有规律地出现，只要稍加运动，阵痛就会消失。在孕期的最后几周，你的脚还是会非常肿胀，这都是正常的，会在分娩后消失。

☀ **斯瑟蒂克提醒**：准爸妈必读

到本周，胎儿已经完全发育好了，具备了在母体外独立生存的能力，胎儿随时会健康出生。

妈妈要克服临产恐惧。临产时，过分紧张会造成分娩困难。临产前，孕妈妈一般心情比较紧张，不想吃东西或吃得不多，所以，首先要求食物的营养价值高，可选择鸡蛋、牛奶、瘦肉、鱼虾和大豆制品等食物。同时，要求进食少而精，以防止胃肠道充盈过度或胀气而妨碍分娩。再者，分娩过程中消耗的水分较多，因此，临产前应吃含水分较多的半流质软食，如面条、大米粥等食物。

3.胎教时光：培养宝宝的艺术素养

与宝宝一起欣赏动人的音乐，让妈妈紧张的情绪得到缓解的同时，也能安抚宝宝的情绪，还有助于开发宝宝的智力。

无论是胎宝宝还是刚出生的婴儿，音乐对于宝宝的成长都有非常重要的作用。选择音乐结构集中、严谨、富有层次，形象鲜明，艺术感染力浓的音乐，能陶冶宝宝的性情，能起到培养宝宝的艺术素养的作用。欣赏动人心弦的音乐，不仅能抚平宝宝躁动的情绪，还能够帮宝宝塑造良好的性情。

音乐胎教：用熟悉的音乐安慰胎宝宝

孕期即将结束，在这最后的一段时间里，妈妈难免兴奋激动，又有些许不安，宝宝也会有同样的感觉。而音乐是抚平这股不安的最好方法。

宝宝和妈妈可以一起欣赏一首熟悉的乐曲，因为熟悉的旋律能够引起妈妈与宝宝的共鸣，可以使宝宝和妈妈获得宁静，忘记焦躁，享受美好和谐的氛围。

故事胎教：童话《豌豆公主》（安徒生）

今天，妈妈和宝宝一起来分享一个奇妙的童话故事吧。

从前有一位王子，他想找一位公主结婚，但是她必须是一位真正的公主。他走遍了全世界，想要寻找到一位真正的公主，但不论走到什么地方，总碰到一些障碍。公主倒有的是，但王子无法判断她们究竟是不是真正的公主，因为她们总有一些地方不大对头，结果，他只好回家来，心中很不快活，因为他是多么渴望得到一位真正的公主。

有一天晚上，忽然下起了一阵可怕的暴风雨，天空在掣电，在打雷，还下着大雨，这真使人有些害怕！这时，有人在敲门，老国王就走过去开门。

站在城外的是一位美丽的公主。可是，天啊！经过了风吹雨打之后，她的样子是多么难看啊！水沿着她的头发和衣服向下流，流进鞋尖，又从脚跟流出来。她说她是一个真正的公主。

老皇后心想："是的，这点我们马上就可以考查出来。"可是，她什么也没说。她走进卧室，把所有的被褥全部搬开，在床榻上放了一粒豌豆，于是她取出20张床垫子，把它们压在豌豆上。随后，她又在这些垫子上放了20床鸭绒被。

这位公主夜里就睡在这些东西上面。

早晨，大家问她昨晚睡得怎样。

"啊，一点儿也不舒服！"公主说，"我差不多整夜都没有合上眼！天晓得床下有什么东西？有一粒很硬的东西硌着我，弄得我全身发紫，这真是太可怕了！"

大家看出来了，她的确是一位真正的公主。因为压在这20层床垫子和20床鸭绒被下面的一粒豌豆，她居然还能感觉得出来。除了真正的公主以外，任何人都不会有这么娇嫩的皮肤的。

因此，那位王子就选她做妻子了，因为他知道他得到了一位真正的公主。这粒豌豆因此也送进了博物馆。如果没有人把它拿走的话，人们现在还可以在那儿看到它呢。

益智卡片：认识球形

今天，我们来一起学习一个对于宝宝来说既熟悉又陌生的形状——圆形。

与认识其他图形一样，妈妈要将注意力集中在图形上，用手指细细描摹图形，将形状印入脑中，同时准确地读出图形的名字。

为什么说宝宝对这个图形熟悉呢？因为妈妈的肚子越来越圆了，像一个圆圆的球，这就是"球形"。那还有什么是球形的呢？宝宝跟妈妈一起来找一找吧！例如，"爸爸的足球""妈妈手上的手珠""桌子上的玻璃球""跳棋"等。多找一些实例，可以加深宝宝的理解。

准爸爸学堂：甜言蜜语说给你听

宝宝出生在即，爸爸不妨借此时机多跟宝宝说些甜言蜜语。告诉宝宝你有多爱他，对于他的到来充满了期待。让宝宝感受到你的爱，也能让宝宝跟你的关系变得更加亲密。

但爸爸也不要忘了妈妈，此时焦躁不安的妈妈也需要爸爸的安抚。而爸爸的甜言蜜语也可平复妈妈的情绪。

营养胎教：自然分娩要补锌

锌是酶的活化剂，参与人体内80多种酶的活动和代谢。它与核酸、蛋白质的合成，碳水化合物、维生素的代谢，胰腺、性腺、脑垂体的活动等关系密切，发挥着非常重要的生理功能。在孕期，锌可预防胎宝宝畸形、脑积水等疾病，维持小生命的健康发育，帮助孕妈妈顺利分娩。

缺锌会影响胎儿在子宫内的生长，使胎儿的大脑、心脏、胰腺、甲状腺等重要器官发育不良。有的胎儿中枢神经系统先天畸形、宫内生长迟缓、出生后脑功能不全，都与孕妈妈缺锌有关。孕妈妈缺锌会降低自身免疫力，容易生病，还会造成自身味觉、嗅觉异常，食欲减退、消化和吸收功能不良，这势必会影响胎儿的发育。

据专家研究，锌对分娩的影响主要是可增强子宫有关酶的活性，促进子宫肌收缩，帮助胎儿娩出子宫腔。缺锌时，子宫肌收缩力弱，无法自行娩出胎儿，因而需要借助产钳、吸引等外力才能娩出胎儿，严重缺锌者则需剖宫产。因此，孕妈妈缺锌会增加分娩的痛苦。此外，子宫肌收缩力弱，还有导致产后出血过多及并发其他妇科疾病的可能。

肉类中的猪肝、猪肾、瘦肉等；海产品中的鱼、紫菜、牡蛎等；豆类食品中的黄豆、绿豆、蚕豆等；硬壳果类中的花生、核桃、栗子等，都是锌的食物来源。特别是牡蛎，含锌量最高，每百克牡蛎含锌100毫克，居诸品之冠，堪称"锌元素宝库"。孕妈妈每日摄入锌的推荐量为16.5毫克左右。如缺锌，可按照医生开的补剂来补充。

4.孕38周食谱推荐

双耳牡蛎汤

【材料】牡蛎100克，水发银耳、黑木耳各50克，葱姜汁1/4匙。

【调料】高汤2碗，料酒2小匙，盐1小匙，鸡精、醋、胡椒粉各适量。

【营养解析】此汤可提高孕妈妈的免疫力，并缓解便秘。牡蛎富含锌，常喝此汤可补锌，帮助孕妈妈顺利分娩。

【做法】

①将黑木耳、银耳洗净，撕成小朵；牡蛎放入沸水锅中氽烫一下捞出。

②将锅置于火上，加入高汤烧开，放入黑木耳、银耳、料酒、葱姜汁、鸡精煮15分钟。

③倒入牡蛎，加盐、醋调味，煮熟，最后撒上胡椒粉调匀即可。

莲藕排骨汤

【材料】排骨500克，莲藕500克，莲子10颗。

【调料】盐适量。

【营养解析】这道菜具有补锌益脾、安神的功效。

【做法】

①排骨洗净；莲藕刮衣切片；莲子洗净。

②在锅中加清水适量，放入藕片，以中火煮滚，然后用小火炖煮约30分钟，再加入排骨和莲子。

③烧滚后再炖2小时，待藕片变软后加入盐调味即可。

三、孕39周 最后的冲刺

再过一周，宝宝就能见到妈妈了！妈妈也即将跟腰酸背痛腿抽筋说再见了。妈妈去做产前检查的时候，医生说宝宝现在的胎位非常好，只要再坚持一下，顺产是没问题的！宝宝，你听见了吗？跟妈妈一起坚持，一起加油吧！

1.胎宝宝的样子

胎宝宝现在的体重应该有3200~3400克。一般情况下，男孩平均比女孩略重一些。胎宝宝的皮下脂肪现在还在继续增长，身体各部分的器官已发育完全，其中肺部将是最后一个成熟的器官。

胎宝宝身体各器官已经发育完全。

2.孕妈妈的神奇变化

本周开始，孕妈妈感到腹部的隆起有些撑不住了，活动更加不便，你也许会产生许多不舒服的感觉和思想负担。

国外的心理学者曾对产妇做过心理测试。临产前，产妇的依赖性增加，被动性加强，行为幼稚，要求别人关心自己，主观感觉异常的体验明显增多，对体内的胎儿活动尤其关注。

更多的女性在临产前感到紧张和不安，害怕分娩疼痛、胎儿畸形、产道裂伤等。还有些孕妈妈害怕生女孩而受到歧视。其实，这段为迎接新生宝宝而做的最后冲刺，不妨卸下包袱，轻装上阵。

斯瑟蒂克提醒：准爸妈必读

辅助分娩的方式有：

导乐分娩

让丈夫和一名导乐（既有医学知识，又有处理产程经验的助产士）对产妇从临产到产后 2 小时进行全程陪护。

水中分娩

产妇在子宫口开大 7 厘米时，进入 35~37℃的温水中分娩，胎儿娩出后即刻出水，产妇在胎盘娩出前出水。水中分娩对分娩水池的水和环境要求严格，在我国尚未广泛开展。

会阴侧切

会阴是指阴道到肛门之间长 2~3 厘米的软组织。分娩过程中，由于阴道口相对较紧，影响胎儿顺利娩出，需做会阴侧切术，扩大婴儿出生的通道，是产科常见的一种手术。做侧切可扩大会阴，保护胎儿，使其尽快出生。产妇会阴侧切后，阴道和会阴大约在一周内愈合。

3.胎教时光：加深宝宝的理解

宝宝还在妈妈的腹中时，妈妈给宝宝念过的故事，在宝宝出生以后也可以再将这些故事读给宝宝听。读故事，可以帮妈妈调整情绪，培养跟宝宝之间的母子之情。听故事，可以让宝宝初步拥有美的意识，让宝宝更加聪慧、活泼。

美学胎教：诗歌《孩子的世界》（泰戈尔）

我愿我能在孩子自己的世界的中心，

占一角清净地。

我知道星星同他说话，天空也在他面前垂下，

用他那呆呆的云朵和彩虹来娱悦他。

那些大家以为他是哑了的人，

那些看上去像是永不会走动的人，

都带了他们的故事，

捧了满装着五颜六色的玩具盒子，

匍匐的来到他窗前。

我愿我能在横过孩子心中的道路上，游行，

解脱了一切的束缚。

在那儿，使者奉上了无所谓的使命，

奔走于无史的诸望的王国间；

在那儿，理智以它的法律造为纸鸢而放飞，

真理也使事实从桎梏中自由了。

✐ 知识胎教：一起玩数独吧

数独游戏不仅有趣，也能开发智力，妈妈开动脑筋，宝宝的大脑发育也会因此得到好处哦！

游戏规则：

游戏在 9×9 的方格内进行，每 3×3 格称为"区"。每个格子只允许填 1 个数字，保证每个区，每一行，每一列的都是 1~9 这 9 个数字且不重复。游戏从已经填入数字的格子开始。

		4		9	1		2	
3		6			9			1
	9			7				
			9	8		7	6	5
			7					
8	6	7		1	5			
			2				1	
					4			6
	4		1	6		2		

答案

5	7	4	3	9	1	6	2	8
3	8	6	4	5	2	9	7	1
1	9	2	6	7	8	5	3	4
4	2	1	9	8	3	7	6	5
9	5	3	7	4	6	1	8	2
8	6	7	2	1	5	3	4	9
6	3	9	5	2	4	8	1	7
2	1	5	8	3	7	4	9	6
7	4	8	1	6	9	2	5	3

✐ 益智卡片：学习长方体

今天让我们继续来学习一个新的图形吧。

这个图形叫作长方体。首先，先将长方体的形象深深印入脑海中，用手指细细描摹"长方体"的形状，并将这些印象传给宝宝。

长方体的形状在生活中处处可见，妈妈可以跟宝宝一起寻找身边的长方体。例如，"装零食的小铁盒""宝宝的长方体积木块""书架上的书""爸爸的手机"。妈妈可以多找一些实物，可以加深宝宝的理解和认识。

准爸爸学堂：吃饭后为什么容易犯困？

今天啊，爸爸来给宝宝解释人为什么吃了饭后会容易犯困。

我们体内的血液是遵循"多劳多得"的分配原则。吃完饭后，我们的肠胃在努力地工作，为了让肠胃系统更好地消化吸收食物，血液会主要集中在肠胃部分。因此，流进大脑的血液会相对减少，所以就容易犯困啦。但是，一般30~40分钟后，精神状态就会慢慢好起来。

营养胎教：硒，天然解毒剂

硒是维持人体正常功能重要的微量元素之一。宝宝出生时血硒水平很低，需及时从母乳中摄取大量的硒，以保证宝宝正常的生长发育。

硒是天然的解毒剂。硒对部分有毒的重金属元素，如镉、铅有解毒作用。

硒能防治妊娠期高血压。硒具有抗氧化的功效，可以帮助清除人体内的自由基，降低孕妇血压，消除水肿，改善血管的症状，有助于改善妊娠性原发性高血压综合征。

硒能提高人体免疫力。硒是谷胱甘肽过氧化物酶的组成成分，有助于清除体内的过氧化物，保护细胞和组织免受过氧化物的损害，提高机体的免疫力，抗衰老。

硒能改善眼部疾病。眼部疾病，如白内障及糖尿病失明者补充硒后，可改善视觉功能。

孕妈妈缺硒不但会加重多种妊娠不适，还容易发生早产。严重缺乏时，可导致胎儿畸形。

富含硒的食物有动物内脏、鲜贝、海参、鱿鱼、龙虾、猪肉、羊肉、芝麻、黄花菜、大蒜、蘑菇、酵母等。一些谷物，如小麦、玉米和大麦中含有硒化合物。此外，洋葱、西蓝花、紫甘蓝等硒的含量也较为丰富。孕妈妈只要在每日饮食中适当摄入上述食物，即可满足人体对硒元素的需求。由于人体对硒的需求量并不是很多，所以，孕妈妈每日只需补充大约50微克的硒即可。

4.孕39周食谱推荐

羊肉炖大枣

【材料】优质羊肉350克，大枣100克，黄芪、当归各15~20克。

【调料】红糖100克。

【营养解析】这道菜能够增强体力、安神，还可快速缓解疲劳，有利于产妇顺利分娩，对于防止产后恶露不尽也有一定作用。孕妈妈宜在临产前三天开始早晚服用。

【做法】

将上述材料加1000毫升水一起煮，待水煮至500毫升后，倒出汤汁，分成2碗，分别加入红糖即可。

麻油青虾

【材料】通草10克，青虾80克，老姜、青葱各适量。

【调料】盐、米酒、黑芝麻油、食用油各适量。

【营养解析】虾的通乳作用较强，还富含钙、磷，对哺乳的新妈妈尤有补益功效；通草清热利尿，通气下乳。这道菜适合产后的新妈妈调养身体。

【做法】

①将青虾洗净泥沙，去掉沙线；青葱切成段。

②锅加热至八成热倒入油，放入老姜炒香，再放入青虾略炒。

③加入米酒、盐、通草煮熟，最后撒入少许青葱段，淋黑芝麻油即可。

四、孕40周 喜极而泣，迎接宝宝的到来

宝宝，我们终于见面了。妈妈等这一天真的等了好久。与你对视的那一瞬间，妈妈觉得之前的疼痛、不适，都是值得的。宝宝，感谢能够与你相遇！

1.胎宝宝的样子

不再猜测，不再胡思乱想，你们就要见面了。医生会把漂亮的小宝宝和关于他的一切信息都交给你。大多数胎宝宝都在这一周诞生，但提前 2 周或推迟 2 周生产都是正常的。如果推迟 2 周还没生产，医生就会采取催产措施了，否则胎宝宝会有危险。胎宝宝做好了出生的准备姿势，马上就可以降临人间啦！

胎宝宝马上就会和妈妈见面啦！

2.孕妈妈的神奇变化

如果你已经升级为新妈妈，那么，从现在开始，学习必要的育儿知识吧。

如果现在你还在全心全意地等待着宝宝的出生，那么一定要保持淡定和平稳的心态。也许在本周的某一天，或者下周，你就会感觉到腹部像针扎似的痛，如果这种疼痛变得越来越长、越来越剧烈、越来越集中时，你的产程多半就已经开始了。一旦阵痛间隔的时间小于 30 分钟，你就要到医院做好待产准备了。

如果你和宝宝一切正常，医生现在是不会采用引产的方法的，即使你真的很想早点见到他。

☀ **斯瑟蒂克提醒：**准爸妈必读

经过了漫长的 260 多天，现在，你很快就能见到宝宝了，把他抱在怀里，亲亲他的小脸蛋，那时你就会感到，为了这个小天使，你所有的付出、艰辛都是那么的值得。

做好最后一次产检

分娩前的各项检查都是例行检查，是保证孕妈妈和胎宝宝生命健康的前提和基础。孕妈妈在待产时，一般每隔 2~4 小时就要测量体温、血压、呼吸、脉搏及胎心音等项目各 1 次，以便医护人员及时了解分娩进行的状况。

学习减轻分娩疼痛的心理疗法

增强分娩的信心；想象与暗示，想象宫缩时宫口在慢慢开放，阴道在扩张，胎儿渐渐下降，同时自我暗示："生产很顺利，很快就可以见到我的宝宝了"；呻吟与呼气，借助呻吟和呼气等方法减轻疼痛；分散注意力。

3.胎教时光：重复巩固胎教的内容

胎宝宝是有记忆的，在孕期给宝宝讲授过的知识，聆听过的旋律，介绍过的事物，都会在宝宝大脑中留下记忆。宝宝出生后，继续这种学习，重复巩固胎教的内容，会收到意想不到的效果。

美学胎教：名画欣赏《四时果实图》（清·赵之谦）

宝宝的出生对于妈妈而言，仿佛就是孕育了许久的果实终于迎来了收获的季节。充满了希望，充满了幸福。正如清代花甲赵之谦所画的《四时果实图》一样，充满了收获的喜悦之感。

清代花鸟画大师赵之谦的《四时果实图》笔墨厚朴，设色浓艳，构图疏密对比强烈，表现出了作者独特的个性。

画中的累累硕果，满满的收获感，不是正好与妈妈现在的心情一样吗？

故事胎教：童话《毛毛和长鼻子树》

毛毛的好朋友是谁，是校园里那棵长鼻子树呀。

毛毛为什么喜欢这棵树呢？对，就是因为这棵树，有一个光溜溜的长鼻子。长鼻子树用长鼻子跟毛毛说话，用长鼻子跟毛毛握手。

长鼻子树说："毛毛，我只跟你一个交朋友，别人走到我身边，我会把长鼻子藏起来。""为什么呀？"毛毛问。"我怕淘气的小孩用小刀刻我的长鼻子呀。"长鼻子树说。毛毛点点头，她会为好朋友的长鼻子保密的。

这天毛毛不小心，一脚踩进水坑里，袜子被浸得湿透，穿在脚上可难受了。长鼻子树说："快把湿袜子脱下来，挂在我的长鼻子上晾干。"真的，湿袜子挂在长鼻子上，很快就晾得干爽爽的。

冬天悄悄来了，冷得长鼻子树不敢伸出长鼻子。学校放假这天，长鼻子树还是伸出冻得通红的长鼻子，跟毛毛握握手。毛毛在长鼻子树身上，系了一块花手绢，她想这样长鼻子树就会暖和一点儿。"明年春天见！"长鼻子树说。"明年春天见！"毛毛挥挥手。

第二年的春天，毛毛又奔跑着来上学了。她长高了一点儿，长胖了一点儿。毛毛跑到长鼻子树面前，一下呆住了。长鼻子树的长鼻子上，抽出了几片嫩叶，绿绿的，毛茸茸的。你变了，长鼻子树！"毛毛睁大眼睛说。"你也变了，毛毛。"长鼻子树笑了。"我们还是最好的朋友！"毛毛摸着长鼻子说。

"那当然，最好的朋友！"

两个朋友抱在一起，快活地笑了。

益智卡片：学算术"1+3=4"

妈妈和宝宝一起集中注意啦！我们的算术学习又开始啦！

算术学习与数字学习一样，首先要有一个形象上的认识。妈妈先用手指描摹这个算式，可以多描摹几次，加深对"1+3=4"这个概念的理解。

帮助宝宝理解这个算式能加深宝宝的记忆。

运用实例是最好的方法。"妈妈手里有 1 个雪梨，爸爸手里有 3 个雪梨，那么，爸爸和妈妈一共有几个雪梨呢？"妈妈要和宝宝一起数一数"1，2，3，4"。然后代替宝宝回答"4 个"。然后再将这个过程重复一遍。多举例子，重复几遍，可以让宝宝记得更牢固。

准爸爸胎教：准爸爸的临产准备

预产期来临，不仅妈妈要做好准备工作，爸爸同样也要做好临产准备。妈妈产前产后的护理工作，跟工作单位请陪产假等，都是要预先做好准备的。

若是要进产房陪产的爸爸，还要做一些语言上和精神上的准备工作。为妈妈鼓励加油，分散妈妈对疼痛的注意力等。

4.孕40周食谱推荐

小鸡炖蘑菇

【材料】仔鸡1只，蘑菇75克，葱段、姜片、八角各适量。

【调料】盐、酱油、料酒、白糖、食用油各适量。

【营养解析】此菜营养丰富，易于消化吸收，有利于临产前孕妇积蓄体力，储备能量。

【做法】

①将仔鸡洗净，剁成小块。

②将蘑菇用温水泡30分钟，洗净待用。

③锅中放油烧热，放入鸡块翻炒，至鸡肉变色，放入葱段、姜片、八角、盐、酱油、白糖、料酒，将颜色炒匀，加入适量水，炖10分钟左右后倒入蘑菇，以中火炖30 40分钟至熟即可。

豆焖鸡翅

【材料】黄豆50克，水发海带50克，胡萝卜条50克，鸡翅4个，葱末、姜末各适量。

【调料】盐、酱油、料酒、白糖、花椒水、食用油各适量。

【营养解析】此道菜富含钙元素。

【做法】

①黄豆、海带加葱姜末、胡萝卜条煮熟，鸡翅用花椒水、葱末、姜末、盐等腌制入味。

②炒锅加油，烧至八成热，放入腌好的鸡翅，翻炒至变色，再加其他调料及适量水，转小火一同焖至汁浓即成。

附录 为准妈妈制定的胎教计划表

孕期	胎教时间	胎教重点
孕1月	随时随地	**制定胎教计划：** 营造一个有利于宝宝健康成长的优良环境，既包括妈妈拥有健康的身体，保持平静的情绪，也包括妈妈能拥有较平和稳定的生活环境
孕2月	想要转换心绪，平复心情时	**音乐胎教：** 由于妊娠反应，这个月孕妈妈很容易心烦意乱，本月胎教的重点就是孕妈妈要保持情绪的稳定。听胎教音乐或者自己喜欢、熟悉的音乐。尽量选择舒缓、轻柔的音乐
孕3月	清晨、晚饭后、周末等所有空闲时间	**抚摸胎教：** 此时宝宝已经粗具人形，可以感觉到外界的触觉刺激。妈妈可以通过抚摸的方式与宝宝进行情感的交流。孕妈妈平卧在床上，放松腹部，用双手由上至下，从右向左轻轻地抚摸。一般以早上和晚上为宜，每次5~10分钟即可
孕4月	工作间隙、周末等所有空闲时间	**运动胎教：** 自然流产的危险性到了这个月就降低了许多。妈妈可以开始多做一些运动，孕期瑜伽、散步等都是不错的运动。胎教运动还包括对胎儿进行宫内运动训练，孕妈妈全身放松仰卧，先用手在腹部来回抚摸，然后用手指轻按腹部的不同部位，观察胎宝宝的反应
孕5月	随时随地	**语言胎教：** 进入孕5月，胎宝宝变得更加活跃，胎动变得更加明显，感知功能也得到明显提高。此时，可以跟胎宝宝进行聊天，聊天的内容可以是你所看到的、想到的、听到的任何事物。多和胎宝宝聊天可以促进胎宝宝的智力发育

续表

孕期	胎教时间	胎教重点
孕6月	饭后、周末等所有空闲时间	**触摸胎教：** 此时胎宝宝的各种器官的发育都接近成熟。在宝宝胎动较频繁时，妈妈放松腹部，用手指轻轻、有节奏地触压、拍打腹部，与宝宝进行互动。同时，还应注意宝宝的反应，如果感觉到宝宝用力挣扎或蹬腿，表明他不喜欢时，应立即停止
孕7月	晚饭后、睡前或想平复心情的时候	**故事胎教：** 宝宝的脑部已经日渐发达，能"学习"，并形成记忆。选择好听的、积极向上的故事、童话，或者是优美的诗篇、动听的童谣，在给宝宝听，让宝宝的听觉进行训练的同时，还可以对宝宝日后性格的发展产生较好的影响
孕8月	随时随地	**情感胎教：** 此时宝宝已经是一个真正的人了，妈妈的修养、兴趣、心理状态与爸爸之间的关系融洽与否都会对宝宝的性格的形成产生影响。进行情感胎教，营造充满爱与美的氛围是关键，妈妈需要保持积极乐观的精神状态，处于和谐的人际关系中，并避免与暴力、恐惧、消极的因素相接触
孕9月	想转换心绪、平复心情的时候，周末	**美育胎教：** 对于已经基本发育完成的宝宝，可以对宝宝进行较为抽象、立体的美育胎教，欣赏名曲、名画，阅读优美的文字，寻找生活中的人情美、自然美等，这些都可以成为美育教育的一部分。将妈妈的审美感受通过神经系统传递给宝宝，促进宝宝的心智发展
孕10月	空闲时间	**新生儿教育：** 宝宝随时可能来到这个世上，所以准爸妈在继续对宝宝进行胎教的同时，可以为新生儿教育做一些必要准备。重温之前胎教的内容可以作为新生儿教育的不错选择。以前学习过的知识，听过的音乐，欣赏过的画作，认识过的物品，在宝宝出生后都可以重新为宝宝再"介绍"一遍